介護を仕事にした100人の理由《わけ》

100歳時代の
新しい
介護哲学

久田恵 + 花げし舎 編著

花げし舎取材チーム
石川未紀、進藤美恵子、原口美香、
藤山フジコ、毛利マスミ

現代書館

はじめに

本書に登場するのは、介護学の研究者でも評論家でもありません。介護の現場で、日々働き、悩み、喜び、そして、「介護ってなに？」と、自問自答している介護職の人たちです。

この世界は、低賃金、低待遇。これでは仕事の大変さに見合っていないと、離職していく人たちも後を絶ちません。

そんな状況の最前線で、彼らはまさに試行錯誤しながらも新しい介護のあり方を生み出そうとしている実践者たちです。

彼らがこの仕事を選んだ理由はなんだったのでしょう。

夢を持って、志を抱き？　いいえ、致し方なく？　切羽詰まって？　仕事の選択は誰にとっても人生そのもの。その背景には、必ずその人ならではの物語があります。

その物語を聞きたい、と思いました。

というのも、介護の仕事は、他者を支える仕事です。相手の喜怒哀楽を受け止め、その生活を、その人生を、その生死を、支える仕事だからです。

それぞれの物語のなかには、彼らがこの仕事と出会ってしまったわけ、大変だけれど続けているわけ、やめられないわけ、それらがいやおうなくにじみ出ているに違いありません。

そうしたさまざまな声を取材チームを組んで落ち穂拾いのように聞き取っていくことで、介護の仕事の現状、問題、困難、希望、未来、そしてなかなか見えなかった本当の姿が見えてくるに違いないと考えました。

そもそも介護の世界は、とてもややこしいのです。

超高齢社会となったこの国には、高齢者や要介護の人たちのニーズや収入に合わせて、目下、さまざまな介護サービスが出現しています。

公的なもの、民間のもの、呼び方もそれぞれで、規制する法律も異なります。介護職の資格も、それを得るプロセスも名称までもが、どんどん変わっていきました。

介護保険制度が施行された二〇〇〇年以後、五十五万人だった介護の仕事をする人は、二百万人近くにもなりました。

それでもまだまだ足りません。

今もって、介護の専門学校が次々と立ち上がり、急速に若い世代の参入が広がっています。加えて、いろんな分野からいろんな人がいろんな理由で転職してきます。

この分野には、資本力のある大手企業からの大参入、大展開もあれば、住宅街のなかで家族で起業する事例、一人でこつことはじめた事業所や、NPO法人が運営する小規模の事業所もあります。

その混沌としたなか、「介護の世界に巻き込まれてしまったんだよ」と言いながらも、介護現場を見る彼らのそれぞれの視点は、個性的です。あまりに人間的なこの介護という仕事のなかで、ひたむきにその意味を問い続けている人も多く、彼らの口からポロリとこぼれてくる言葉に、思わず目からウロコが落ちていきます。

私たちは、思いました。

超高齢社会のこの国を支える新たな「介護哲学」は、**この現場に生きる草の根の介護職の人たち**からこそ生まれてくるのだと。

ぜひ、この未曾有の介護時代を共に乗り越えていくために、彼らの実践のなかからこぼれ出た貴重な言葉に耳を傾けて一緒に考えてください。

久田恵&花げし舎取材チーム

介護を仕事にした100人の理由《わけ》

100歳時代の
新しい介護哲学

目次

＊本書は、2015年9月～2018年8月に介護・福祉の応援サイトけあサポ「介護職に就いた私の理由（わけ）」(中央法規出版http://www.caresapo.jp/senmon/myreason)に掲載された記事を元に、編集・リライトしたものです。
＊掲載されている取材対象者の年齢・役職などのデータは、すべて取材時のものです。

1

転職経験も人生体験も活かされる場所です

介護の業界は、目下、何歳からでも転職のできる稀有な場所です。

そのため、この世界ほど多様な分野の多彩な人が集まっているところは、ほかにありません。人生経験もさまざまで、その豊かな経験が見事に活かされるのもこの現場の魅力です。

そして、なによりも、いろんな世代のいろんな経験を持つ人というのは、仕事のとらえ方も感じ方もさまざまだということ。思いもかけない視点から介護の問題が指摘されて、ハッとさせられます。

そのことは古い介護観を大胆に打ちこわし、新しい介護観を生み出す力になるに違いありません。

介護職は、いざというときの人生の危機管理として、今、多くの人に働ける場を提供し、人生を支えてくれている場所なのです。

ホテルウーマン……→ホームヘルパー……→施設介護主任

介護は、お客様から「ありがとう」と言われる稀有なサービス業です

神脇エイ子（68歳）
グループホーム風の丘
（宮崎県小林市）

私は四十代で夫を亡くし、幼い娘たちを連れて故郷の実家に舞い戻りました。子どもを育てるため転職をくり返し、最終的にはホテルに勤めました。

五十代になった頃から父の介護がはじまったのですが、あるとき父が「お風呂に入りたくない、痛い、痛い、痛い」と言うのを、お風呂場に無理に連れて行ったことがありました。病院で検査をしたら、膀胱がんが広がっていて、医者から「これでは、痛がったでしょう」と言われたのです。

そうだったのかと、大泣きしてしまいました。

Numéro 01

そのことがあって、私がヘルパーだったら父の状態も気持ちもわかってあげられたのに、と思ったのです。でも、ホテルで働きながらヘルパーの資格を取りに行っていた途中で、父は亡くなってしまいました。「父のために役立てようと思ったのに……」とのモヤモヤが解決できず、私はヘルパーをやらないと気がすまなくなってヘルパーに転職しました。でも、訪問介護の仕事をしながら「なんか、私の思っているのと違う」と思い続けていました。

そんなときに、利用者の方の家族が「介護の事業を立ち上げたい」と言い出したのです。その家族とは、子どもの学校のPTA仲間で、ずっとお付き合いしていた間柄。私は言ったのです。「素人にできる仕事かしら?」って。「素人が簡単にお金儲けのためにやるのならやめておいたほうがいい」って。私は介護の仕事で日頃感じていることを洗いざらい言ったのです。「相手の方が本当に望んでいることをしてあげられるような介護をしたいのよ!」と。「じゃあ、そういう事業所をつくる!」って言われて、「それには、あなたが来てくれないと」と説得されたのです。確かに、スタッフが上になんでも言えないと、事業所も発展していかない、私みたいに遠慮なくものを言うのがいたほうがいいのかな、と思ったのです。

社長夫妻は訪問介護をはじめ、次に有料老人ホーム、最後にグループホームを立ち上げ、私は、今、そこで介護主任をやっています。

●夫と死別後、2人の娘を抱えて故郷へUターンし、ホテルウーマンに。その後、友人の立ち上げたホームで介護主任に。

ここでは常に利用者の方が主人公。本の読み聞かせや紙芝居も、私たちが読むだけじゃなく、利用者の方に読んでいただいたりします。それに、私はほかでしてはいけないとされることをぜひしていただきたいと思う人なんです。たとえばけがをされたら困るから包丁を持つな、と言うのって失礼じゃないかと思うんです。こちらの都合でやりたいことがやれないなんてことがあってはいけない、と。事実、やっていただくと、見事でこちらが学ばせてもらうことばかり。「高齢者はこうだ」という思い込みから常に私たちは自由でなければならないと思います。

それから、利用者の方はいつも「ありがとう」と言ってくれますが、いつも、いつも「ありがとう」と言わなければならない人生は大変だと思います。

介護ってね、お金を払っているお客様のほうから「ありがとう」と言われる、ほんとに稀有なサービス業だと私は思いますよ。

★ 久田恵の眼

ホテルウーマンだった神脇さんの視点にハッとします。介護をお願いする人も家族も、周りに「ありがとうございます」と何年も言い続けて心が折れそうになったという人も少なくありません。

広告会社営業 → タイでコールセンター → 介護ができる家政婦

介護の仕事は、人生には無駄なことはなに一つないのだと私に教えてくれました

渡辺ゆかり（43歳）
すがも家政婦紹介所
（東京都豊島区）

Numéro 02

● 広告代理店で営業として17年勤務。退職したのち、ホームヘルパー2級を取得。海外で働きたいという夢をかなえた後に帰国し、現在は介護福祉士を取得。

広告代理店で営業職を十七年やりました。なにかの役に立つかなと、夜間学校に通い、調理師の免許も取得しました。退職の理由は、不景気になり転機かなと思ったのと、海外で働きたいという夢があったから。思い切って挑戦してみようと思ったのです。その前に、今後の武器になる資格を取っておくことにしました。ハローワークの「福祉の仕事コーナー」に目が留まり、スクールに入学しました。人の役に立てて、人と密接な関係が持てて、親になにかあったときにも役立つ仕事かな、と。ホームヘルパー二級、福祉用具専門相談員の資格を取

りました。その上で海外へ。求人で見つけたのは、日本企業のタイ支社でのコールセンターの仕事。日本語が話せるし、物価も安い。なにより、「微笑みの国」という明るいイメージが決め手でした。タイでの生活は充実していましたね。毎日が常夏で友だちもたくさんできて。一年半経って、契約満了で帰国しました。

その後は、家政婦の仕事を選びました。ハローワークの求職者支援制度を利用した介護職員初任者研修の実習で、自分に合うと思ったのが訪問介護でしたから。個人宅で、一対一で向き合うって親身になれるし、信頼関係も生まれるなって。

今、うかがっているお宅は六月で丸二年。九十歳の女性の見守りと、日常のサポートです。あるとき、その方が風邪をこじらせて、寝たきりになってしまったんです。それで十種類くらいの野菜やきのこ、お肉を煮込んでスープをつくり、ご飯を加えてミキサーにかけ、ストローで飲んでもらうことにしました。それを三か月くらい続けたら、スプーンで食事がとれるくらいに回復したんです。ポテトサラダはやわらかくて栄養もあるからいいんじゃないか。親子丼は、鶏肉をブレンダーで細かくして、やわらかく煮た玉ねぎなどと、小分けして冷凍しておく。料理にはすべてトロミをつけるなどといつの間にかレパートリーが増え、今では毎食十三品目あります。「全介護」ですが、寝たきりではなくお元気です。

その方は一時期、具合が悪くなって、お話ができなくなってしまったんですね。

以前は「私が結婚するならどんな男の人がいいですか？」と聞くと、「自分で見つけなよ」「真面目な、よく働く人がいいよ」と、アドバイスをくれていたのですが、だんだんと挨拶しても黙ってしまうようになって。すごくつらかったです。でも、どうしてもまた話がしたくて、あきらめずに話しかけるようにしたんです。一つのことを百回くらい。「○○さん、出身はどちらですか？」とかね。そうしたら、あるとき「○○県よ！」と答えてくださったのです。そんなやりとりを通じて、すごくやりがいがある仕事だな、と楽しくなりました。

四十代になって、今まで自分のやってきたことが全部つながったという感じがしています。営業職は人と深く関わる仕事だったので、要領よく段取りを組むやり方が今に活かされています。調理師の資格も活きています。介護職は健康でいる限り、ずっと続けられる仕事です。「今できること」をモットーに、スキルアップを目指しています。

★久田恵の眼

自分を自由にして、とらわれずに生きていると、気がついたら「そうか、これが私のやりたいことだったのね」という場所へ導かれてしまう。介護の仕事もまたそうですね。

舞台役者……→ホームヘルパー

人としてなにができるかを課題に持たないと、人非人になってしまう仕事です

高松豊治（62歳）
テルウェル東日本 品川介護センタ（東京都品川区）

Numéro 03

僕が五十歳の頃かな。親父の二度目の失踪から五年ほど経ったある日、親父の友人から「今、病院に入院している。余命半年と宣告されている」という電話が入ったんです。とりあえず病院に行き、そのまま週五日は通うようになりました。

その頃、芝居の仕事もうまくいかず、離婚もしていてけっこう困窮していたんです。親父になにかを買って行くには自分が一食抜くしかなかった。でも、なにか買って行ってあげたくって。なにかを買って持って行くことしかできないじゃないですか。親父の好きな「すあま」を二つ持って通いました。

親父と同じ集中治療室にいたおばあちゃんは、いつも「ちょっと」って人を呼んでいるんです。でも看護師さんは素通りです。何日もそのようすを見ているうちに、「えー」っていう思いが募って。親父を見舞った後におばあちゃんのそばに行き、「どうしたの?」って聞いたら、「うん、うん」って言うだけでなにを話すわけでもなかった。おばあちゃんに声をかけるのが日課になったんです。でも親父が、「いいんだよ、そんなことしなくて」って。なんかその言葉に憤りを感じたんです。目の前にそういう人がいるのになにを考えているんだろう、自分の父親だけど恥ずかしいっていうか。

そんなあるとき、おばあちゃんが僕に向かって「ダメ」って言うんです。「なにもダメじゃないよ。言ってみて」って言ったら、「好き」って言ってふとんをかぶって顔を隠したんです。それにすごく衝撃を受けたんです。僕はそれまでなにもできない自分を責めていました。満足に親父が望むものを買って行ってあげられない。自分に対して責める気持ちでいっぱいだった。そういうときにそのおばあちゃんに言われたことはすごい衝撃で、僕自身が救われたんです。そうしているうちに看護師さんが「どうしたの?」って声をかけるようになり、自分の役目は終わりだなと。

そのときに思ったのは、看病には技術がなくてもできることがあるということ。

●トーキー映画の時代に撮影所を持つ祖父、映画館支配人の父に囲まれ、俳優養成所を経て役者に。父と再会した病室での出来事が転機となり介護職に。介護福祉士。

そして自分に今足りないのは、技術や知識だ。じゃあ、それを勉強しようと思った。それがヘルパーへのスタートです。

介護の仕事が「かわいそう」って発想からはじまるのは、ある意味見下していることで大きな間違いです。僕は、仕事として選んだんです。介護理念で謳っているように、ケアマネも自分も医者も同等でないと本当の介護はできない。ヘルパーを十年やってきて、現状がそれとほど遠いのはわかっている。けれども自分の生き方として、今はどこまでできるのか、それに尽きます。それを自分の課題として持たないと、この仕事ってすぐ人非人になってしまうんです。介護の仕事をしながら、いきなり人非人に落ちちゃうから、その緊張感は常に持っています。

現実に向かうと葛藤はいろいろあります。でも、介護の仕事は誠実に向き合えば返ってくるものが絶対にあります。それは僕のなかで何度も経験していて、日々、利用者に救われる毎日です。

★ 久田恵の眼

「すぐ人非人になっちゃう仕事だから」という言葉は、体験からこそ生まれた「介護哲学」ですね。自分のなかに固有の価値観を持って生きている人は、すてきです。

SE……→介護職……→宅配アルバイト……→再び介護職

家にいるみたいに自由に！利用者と介護者との個性で付き合いたい

深田喜久（54歳）
介護付有料老人ホームファミリアガーデン品川
（東京都品川区）

大学を卒業した後、IT関係の会社でシステム・エンジニア（SE）として十五年働いていました。当時SEといえば激務で、深夜残業や土日出勤は当たり前。家にほとんどいない日々でした。娘が生まれたとき、妻は、育児も家事も全力投球しすぎて、半ばノイローゼ気味になってしまったんです。介護の仕事なら交代制で残業も少ないから、もう少しフレキシブルに家族との時間を過ごせると思い、「給料が半分になるけどいいか？」って聞いたら、妻は「助かる」と言いました。そのくらい一人でつらかったのでしょうね。

● システム・エンジニア（SE）として働いていたとき、人恋しさと長男としての責任感からホームヘルパー２級を取得。長女誕生を機に、介護の世界へ。介護福祉士。

Numéro 04

最初は特養やデイなどが併設された大きな施設で働きました。楽しかったんですよ。でも特養は、利用者をお風呂に並ばせて入れたりして、これが本当の介護なのかなというジレンマも一方でありました。六年くらい働いた頃でした。妻は僕がSEを辞めたことを気にしていたんでしょう。「もう大丈夫だから、自分の好きなことをしていいよ」と言ってきたんです。介護の仕事は好きでしたが、その方法については少し疑問にも思っていたので、一度介護を離れてみようと。アルバイトでしたが、宅配の仕事を九か月くらいしていました。

今の職場はちょうどその頃新規オープンということで、人を募集していまして。やはり介護の仕事がいいなと思っていたのと、少人数の有料老人ホームなら、もっとアットホームな介護ができると思い、応募して採用になりました。

僕は、食事介助や、入浴・排せつ介助という、いわゆる介護技術は、資格者にとってはそれほど大きな要素でないと思っているんです。それは二十四時間のなかのほんの一部。むしろ、日常のなかでおしゃべりをしたり……、そういう瞬間に利用者の健康状態や個性も見えてくるわけで、「ちょっと○○さんにしては元気がない」など、細かな変化にも気づけるんです。

今、現場のトップをやらせてもらっているのですが、僕自身は最低限のルールはおさえるけれども、利用者と介護職の個性で付き合ってくださいと伝えています。決めごとも最低限しか決めていません。均一の品質を保つためにいろいろな決まりごとを定めている施設もあるし、それを全面的に否定するわけではありませんが、個性と個性が響き合って、それぞれが違うコミュニケーションをする、これはある意味ふつうのことだと思っています。

僕は、自立支援という介護の大きな流れとはちょっと違うかもしれないけれど、ここまで頑張って生きてきた人たちにもっと頑張れと、お尻をたたくようなこと、しなくていいと思っています。家にいるような、うまく言えないけれど、もっとざっくばらんでいいんじゃないかって。寝たいなと思ったときに寝たり、今日は牛丼食べたいと思ったら食べに行ったり。家にいるみたいに自由にできたらいいんじゃないかと。スタッフの数も限られているし、限界もあるけれど、利用者やその家族との信頼関係があれば、小規模な施設だからこそ、できることもあると思っています。

★久田恵の眼

管理されないこと、支配されないこと、これって人が求める根源的な欲求です。家にいるみたいに自由な場所、介護施設で暮らす人たちのすべての願いかと思います。

理容師→離婚→介護職→特養サービス課長

気持ちが優しければ、手も優しくなる介護で一番大事なのは、「触る手」です

佐々木弘美（59歳）
浴風会　特別養護老人ホーム第二南陽園
（東京都杉並区）

私は、理容師を十五年やっていました。あるとき、異変が起きたんです。お店でレザーを持つと手が震える。どうしてかわからないまま医者の処方薬を七年飲み続け、ついに仕事ができなくなり、初めて医者から薬が精神安定剤だと言われました。夫に伝えると「俺のせいか」と。「右向け」と言われたら右を向き、「これをやれ」と言われれば頑張ってやり、夫に逆らわなかったけれど、私は我慢し続けていただけだと、やっと気がついたのです。

家を出ることになり、友人から特別養護老人ホームを紹介され、面接のとき、施設長から「なぜ、ここを選んだの？」と聞かれ、「仕事がないと、家を出られな

Numéro 05

い」と事情を話しました。さらに、「あなたは、人に接するときに大切だと思うことは？」という質問もありました。それを文章で書くのですが、私は「触る手です」って書いたんです。心が怒っていると、触る手も怒ってしまう。「気持ちが優しければ、触る手も優しくやわらかになります」って。

床屋ってね、毎日、人の体を触るんです。レザーを持って、髭を剃ったり、頭とか首とか顔とかを触りますからとても気をつけます。そう、手は大事。それは、十五年の理容師の仕事で私が学んだことでした。

寝たきりの方に触れると、相手がキュッと緊張するのがわかります。体が動けず、なにも言えず、なにも見えない方にとってのコミュニケーションは、介護職の声と触り方。その人の心の受容性が体に出るのだと思います。

今、ホームのサービス課長をやって後進を育てています。自分の思う介護が利用者さんに届いていなかったら、私の仕事に意味がないと思い、厳しく言います。

厳しいことを言うと、「大変なので」という言葉が先に出る人がいます。でも、大変だからお給料をもらえるんだし、人も雇うわけです。仕事が楽になるって、経験とコツを自力で身につけるしかない。簡単に「大変」と言ってしまうと、これでいいんだと思考停止になって介護レベルは下がります。私はいつも利用者さん目線から、職員に話すようにしたいと思っています。

● 15年の理容師経験を経て、離婚して介護職へ。現在、特別養護老人ホームのサービス課長、後進の厳しい指導者となる。

ジャズピアニスト……→ケアマネジャー
……→有料老人ホーム取締役施設長

他愛ないおしゃべりでも、利用者の方を巻き込めば、それも立派な仕事です

水口かずみ（57歳）
ケンブリッジ
（新潟県柏崎市）

元来、こだわりがない、執着しない、だから腹も立たないという自分自身の性格。介護の世界では、プラスに働いているなと思っています。

東京の大学へ進学後、バイトではじめたジャズピアニストとしての活動がいそがしくなり中退。活動の場を東京、新潟、宮城、群馬、そして、アメリカと転々としてきました。帰国後、後輩から誘われ、特別養護老人ホームへ。介護の世界がわからないから、かえってなんでも受け入れることができましたね。その後、ケアマネジャーの資格を取り経験を重ね、今は、ジャズ仲間から紹介された有料老人ホームで、施設長として働いています。

Numéro 06

僕は障害者雇用にも積極的なんです。入居されている高齢者の方も面倒をみられている、介護されているという立場だけというのはつらいんですね。障害のある人たちを見守ることで、自分も面倒をみているという意識を持ってもらうことも大切なんです。また、たとえば、スタッフ同士で子どもの話をしていたら、「おしゃべり」だけれど、「子どものことで心配ごとがあるんです」と入居者の方に相談するなど、入居者の方を巻き込んで話をしていたら、それも立派な仕事です。利用者の方も、自分は必要とされていると思えるのです。

これからやりたいこと。接遇に関するマニュアルの本をつくりたいですね。たとえば、「わかりました」という一言でもイントネーションや表情で全然違う印象ですよね。初対面の利用者の方に「わかったよ」では失礼だけれど、親しくなった方に「承知しました」では慇懃無礼な印象になってしまう。いろんなパターンを見せながら、これをスタンダードにそれぞれが考えて対応していってもらいたいと思っています。もう一つは、障害者親子採用。障害のある若者のお母さんも子どものことで就職が難しい。だったら、いっそのこと親子で採用してしまおうと。お互いほどよい距離にいるから安心でしょう。

僕はこだわりがないって言ったけど、前例とか常識にとらわれないで、おもしろいなと思うことを提案するんです。そのほうが、働いていても楽しいからね。

● 各地を転々としてきたので、どこででも暮らせるという。現在もジャズピアニストとケアマネジャーの二足のわらじ。音楽を通して地域活動にも参加している。株式会社ケンブリッジ取締役施設長。

居酒屋経営……→介護職

声かけ一つで、よい方向へ変わる。そんな変化がうれしい仕事です

鈴木理恵子（53歳）
グループホーム バナナ園
ほりうち家
（神奈川県川崎市）

夫と居酒屋を二十三年経営していました。東日本大震災があった年の暮れに主人が体調を崩し、これを機に自分も自立しようと決めました。そのとき私は五十歳。「なにができるかな……」と考え、福祉関係に進むことが一番自分に向いているのではと思ったのです。お客さんにも介護職の方がけっこういらして、介護の仕事はわりと身近に感じていました。それに長年の居酒屋経験から人に接するのは慣れていましたから。それで、人材育成事業を通じて介護の道に進みました。今までの人生のなかで一番の転機ですね。

最初は大きな認知症対応型の施設で働きました。初めていろいろな症状の方た

Numéro 07

ちを見てものすごいショックを受けてしまって。頭では理解していたつもりだったのですが、目の当たりにすると涙がポロポロ出てきてしまうような感じで、「わかってなかったな、甘かったんだな」と思い知りました。そこはワンフロア四十八名くらいの利用者さんがいらっしゃるのですが、なんでも速さ優先で、きめ細かな介助ができなかったのです。それでももっと寄り添った介護をしたいと、現在のグループホームに移りました。

入所したときは寝てばかりだった方が、毎日声かけしていくと、どんどん明るくなってみんなの輪に入っていけるようになる。そんなうれしい変化を感じることのできるこの仕事は、やりがいがあります。泣いたり笑ったりの感情を出すこと、特に笑うことが大事なことだと思っています。介護、介護とまっすぐに向かうのもいいけれど、利用者さんと一緒に笑える空間をつくらないとやりすぎの介護になってしまう。自立支援に向けてのグループホームなのですから。

ここの管理者ともよく話しているのですが、施設の周りを整備して散歩道がつくれたらなあと。そしてポーチや東屋があって、そこでお茶が飲めたり……。そんな施設をつくりたいという夢があります。利用者さんにとって終の棲家なわけですから、我が家にいるような「ああ、楽しい」と思っていただけるような介護を目指していきたいです。

● 夫婦で居酒屋を23年経営していたが、夫の体調不良を機に介護職へ。3人の子どもを育て上げた経験が介護の仕事に活かされている。

鉄道マン……→警備員……→グループホーム施設長

こぼれ出る心からの言葉を聞ける。この仕事を選んだ自分を気に入っています

熊田智根（50歳）
ばなな会　グループホーム
のんびりーす等々力
（神奈川県川崎市）

鉄道会社で働いていました。やりがいのある仕事でしたが、自動改札機が導入されるなど機械化が進み、お客さんや仲間との触れ合いが減って、意欲的に仕事に向き合えなくなっていきました。当時は学生だった二人の息子にまだまだお金のかかる時期。「会社辞めようかな」と女房に話したら、「どうして？」と動揺されましたが、それでも最後には、「お父さん、もう辞めていいよ」と言ってくれたんです。それで二十八年間勤めた駅員の仕事を辞めました。

しばらくはハローワークを通してパソコンを学んだり、アルバイトをしたり。鉄道会社の世界しか知らなかったので「世の中こんなに大変なのか」というのを一

Numéro 08

番感じましたね。どうしても正社員として就職しなければと、警備員の仕事を選んだのですが、入ってみると、待遇や給料や仕事内容が求人票と大きく違っていました。それでも我慢して働き続けたんです。

そんなとき、通勤途中のバス停の近くに広報誌が置いてあり、なぜか手に取りました。見ると「働きながら初任者研修が受けられます」って書いてあったんです。その足ですぐに相談窓口に行きました。「今の会社を退職できますか？」と聞かれ、考えるより先に「辞めてきます！」と答えていました。「のんびりーす等々力」が新規オープンすることを知り、やるなら立ち上げから関わりたいと思ってここを希望しました。

「ありがとう」とか「お兄ちゃんでよかったわ」とか、心から出る言葉を聞けるのが、この仕事の本当にいいところだと思います。ここでは入居者の方と家族のように、密に接するんですよ。

この仕事をはじめてから、「お父さん、変わったね〜」とよく言われます。鉄道会社にいた頃は会社中心の毎日で、刺々しいというか、近寄りがたいようなところもあったみたいで。一番つらいときにそばで支えてくれた女房には、すごく感謝しています。なにより今は、この仕事を選んだ自分のことを気に入っています。

● 鉄道会社勤務だったが、46歳のときに退職。警備員の仕事を経て介護職へ。現在はグループホームで施設長を務める。

会社員→ホームヘルパー→病棟ケアワーク→デイサービス介護職→デイサービス起業

プライドの高いおばも私も。「行きたい」と思えるデイを実現したい

綾部文子（53歳）
デイサービス　inana（イナナ）
（東京都港区）

Numéro 09

おばの通うデイサービスに見学に行くと、プライドの高いおばが、子どものような扱いを受けていて、これは耐えられないだろうと思いました。自分だっていやだという気持ちもありました。それで、十年計画としてデイを立ち上げることを決心したんです。おばは、私になんでも話してくれました。おやつがおいしくない、飲み物は麦茶しかない、外食やお出かけもできない、言葉づかいがなってない、幼稚園みたいな遊戯なんかしたくない、異性の介護はいやだ、大きくデイサービスとか書いてある送迎車には乗りたくない、などなど……。そして、おばの言うことはもっともでした。だったらそうでないデイにしなくてはと

思ったんです。

イナナでは、外食や外出もよくします。送迎の車はイナナとしか書いていない。せっかく美術館やおしゃれなレストランに行ってもデイサービスなんて書いてある車から乗り降りするのなんてかっこ悪いって思いませんか。

女性はヘアメイクをしてから外出します。ドレッサーは三面鏡でライトもつけて肌がきれいに見えるようにしました。お茶もハーブティーなど二十種類揃え、ご飯もおやつもこだわりを持って選んでいます。おいしいからたくさん飲み、食べられる。イナナはハワイ語で「元気になる」という意味なんですよ。食べることや、生きる楽しみを見つければ、元気になれるんです。ここで大切にしているのは、その人の人格や自尊心を尊重すること。いかにもケアしているという態度は見せず、時間はかかっても、できる限り自分のペースでやってもらうようにしています。これが少人数制にこだわった理由でもあり、イナナの特徴でもあります。

当たり前のことですが、デイサービスを選ぶのは利用者自身であるべきなんです。これまで、預ける側の都合のほうが優先されてきたし、中身も選べるほど特徴がなかった。でもこれからは、それぞれが特徴を出して利用者が選ぶ時代になっていかないと。家族の方も選ぶときは、利用者の目線で選んでほしいと思います。みんな歳をとるのですから。

● 地元港区で育ち、大学卒業後は単身ハワイへ。OLを経て介護の世界へ。訪問介護、病棟でケアワークを経験。デイサービスinana代表取締役。

保税倉庫業……→有料老人ホームサービスリーダー

介護とは、その方らしさに深く寄り添うことだと学んだ仕事です

中井 健（49歳）
介護付き有料老人ホームアリア松原
（東京都世田谷区）

Numéro 10

国際物流の最前線基地、大井ふ頭のコンテナターミナルで保税倉庫の仕事をしていました。倉庫に保管した輸出入品の関税の計算をしたり、書類を税関に届けたり、といった業務です。仕事で人と接するのは上司ぐらい。介護業界とはまったく無縁の場所でした。それがバブル崩壊以後景気が悪くなり、仕事の先行きに希望が抱けなくなって転職を考えました。すでに三十歳をすぎていました。

人とつながれる仕事をしたいという思いもあり、ハローワークの助成制度を利用して専門学校に通い、介護保険事務士の資格を取り、あわせてパソコン操作も覚え、ホームヘルパー二級の資格も取って、就職の準備をしました。学校の紹介

で企業説明会に行き、そこで知ったホームで働きはじめることになったのです。

会社は、三百か所以上のホームを運営しています。私はそのうちの五か所で仕事を経験しています。ホームにはそれぞれ特長がありますから、前のホームのよかったところを異動先のホームで提案して、課題解決につなげています。提案しても一人では実行できないので、周りのスタッフを巻き込んで一緒に進めていきます。前の保税倉庫での仕事とはまったく違って、人と人とのコミュニケーションの大切さをこの仕事で実感するようになりました。

七年前に結婚。子どもも生まれ、転職したこの介護の業界で自分の人生の土台をつくることができたと思っています。でも、最初はお風呂が嫌いで入らない方をどうしたらいいのかさえわからなかったのです。緑内障になられた方の不安な気持ちをどうサポートできるかわからなくてつらかったり、ていねいに人に寄り添ったりすることの難しさをとことん味わいました。この仕事で、自分は成長してこられたのだと思います。

プライベートの人間関係だったら、苦手な人や難しい人は敬遠すればいいのですが、仕事の場ではそれはできません。お客様には、どの方にも同じような姿勢でサービスを提供しなければなりません。特に、そのことをしっかり思うようになったあたりが、私が一番成長してきたところかなと思います。

● 物流業界で30歳すぎまで働き、介護業界へ、そこで人とのコミュニケーション力を培い、スタッフをまとめるサービスリーダーに。

美容師……→クラブホステス……→ホームヘルパー……→バー起業……→再びホームヘルパー

夫が蒸発してしまったとき、自分と娘をしっかりと支えてくれた仕事です

福島恵子（63歳）
すばる介護センター
（東京都港区）

娘が十歳のとき、夫が突然消えました。大きな家に住み、夫は運転手付きの自家用車に乗っていました。そんな状態からいきなりです。そのとき、私、四十九歳。「どうしよう」と思ったとき、「あっ、ヘルパーの資格があった」と思ったのです。すぐに訪問介護の事業所で面接を受けました。実は、私は元美容師。十八で北海道から上京し、美容学校を卒業。美容師以外にも痩身、リンパマッサージなどの仕事もしていたのです。その後、銀座のクラブホステスになり、そこで出会った客と結婚。私、度胸もあるし、物怖じしないタイプなんです。

事業所の女性所長は、「過去は問わない」という人で、事情を洗いざらい話した

Numéro 11

上で採用してもらえました。最初の利用者の方は、夫婦とも寝たきり状態の方。すぐにおむつ交換をしましたが、ためらいなどありません。他人に触れてお世話をするのは、リンパマッサージの経験が役に立ちました。クラブホステスも接客業で、いろんなタイプの人に慣れていますし、「人生って、なにが幸いするかわからないものだなあ」と思いましたよ。

その後、消えた元夫が肝臓がんで亡くなったと知った頃、私も交通事故に遭って握力が弱くなり、一度、ヘルパーを辞めました。そのときに再婚し、麻布十番でダイニングバーを開いたのですが、店は二年でダメになり彼とも別れることになりました。ちょうどその日、介護事業所の所長さんが飲みに来ていて「また、仕事させてもらえます？」と頼んで舞い戻ったのです。それからは、わき目もふらずヘルパーです。

今は、休みが週一日。毎日、朝八時前後からしっかりと働いて、収入は十分。私、タフなんです。今の事業所は時給がよく、ボーナスもあり、社会保険にも入っています。娘は二十歳をすぎた今も、一緒に暮らしています。

介護って、自分が訪問するのを心待ちにしてくれる人がいるのがうれしい仕事です。

● 元美容師だが、銀座のクラブホステス時代に知り合った男性と結婚し専業主婦に。夫の出奔で母子家庭となり介護の仕事で生き抜いた。

久田恵の眼

歳をとるって、どういうこと？

母の居た有料老人ホームで、入居者に聞かれたことがある。

「あなた、歳をとるってどういうことかわかってる？」

不意の質問に戸惑っていたら、彼女が蓮っ葉な口調で言った。「もう人から年齢しか聞かれなくなる、ってことよ」と。

意表を突かれた。

つまり、その人がどういう人生を歩んできたか、なにが好きで、なにに関心があるか、なんの興味も持たれなくなることだと、彼女は肩をすくめてみせたのだ。

「でね、九十になりますのよ、とか言うとね、まあ、お元気ですねえ、って言われるわけよ。お若いですねえ、とか。みんなそう。しまいに腹が立つわよ」

彼女はおしゃれな女性で、その日も藍染の古布をリメイクしたすてきな服を着て、ただ者ではないゾ、と思わせるファッションをしていた。

「もしかしたら、デザイナーでした？」

それには答えず、彼女が言った。

「でね、私、歳を聞かれるたびにでたらめ言うことにしたの。この間もタクシーの運転手さんに聞かれて、百一歳になりますのよ、と言ったらご冗談でしょう、って笑ってた」

あれから二十数年。高齢者に向けられるまなざしも環境も関心もずいぶんと変わってきた。

同じこの老人ホームには、今や全員が九十代の自主コーラスグループが立ち上がり、東京の表参道のホールで開かれたチャリティコンサートにも出演を果たした。

皆お揃いの白いブラウスに黒のロングスカート、銀髪を整え、メイクもしっかりして、スポットライトのなかで歌った。まるで西洋の貴婦人のようですてきだった。

彼女たちは、毎晩集まって歌の練習を欠かさない。

そして、言う。「自分たちの活動が、これまでの高齢者に対する固定的な価値観を変えていくことに貢献できたらいいなあと、思うのよ」と。

高齢者の百歳時代はもう目前にある。

知りたい！まめ知識 ❶

小規模多機能型居宅介護って知ってます？

長い名前ですね……。厚生労働省のホームページによると「利用者が可能な限り自立した日常生活を送ることができるよう、利用者の選択に応じて、施設への『通い』を中心として、短期間の『宿泊』や利用者の自宅への『訪問』を組合せ、家庭的な環境と地域住民との交流の下で日常生活上の支援や機能訓練を行います」とのこと。要するに一つの事業所で、介護にまつわるサービスをまとめて、しかもいい塩梅《あんばい》で提供しますよ、ということらしい。ただし、ほかの事業所のサービスと併用はできない、ケアマネはその事業所に所属する人でないとダメというところには要注意。

ちなみに、看護小規模多機能型居宅介護は、これらに加えて、看護師などによる「訪問（看護）」も組み合わせることができる、介護と看護の一体的なサービス。いずれも地域密着型なので、住んでいる地域の施設・事業所のサービスを受けることになります。

石川未紀（社会福祉士）

小規模多機能型居宅介護　ノテ深沢 **落合 孝さんのコメント**

利用者の方がどんな生活をし、どんなことに困っているのか。この制度だとそのすべてを知ることができるので、工夫ややりがいがあります。最期まで在宅で過ごしたいという声にお応えしたいと思っています。臨機応変に対応することが求められるので、職員は、生活力のある人が向いていると思います。

2

多様な人が出会える奇跡の場です

介護の現場は、まさに多様性のるつぼです。知らず知らずに住みわけされたような社会のなかで生きてきた私たちが、介護という誰の身にも起こる事態によって、これまで出会うことのなかった人たちと出会えてしまう場なのです。ここでは常識とか世間という衣を脱ぎ捨ててもいいのです。思いがけないほどありのままでいられる場所にすることができるのです。ちょっと視点を変えれば、とてつもなくファンタスティックな世界。時代の波に翻弄されながらも懸命に生きてきた人たちが、介護する者、される者として出会い、お互いが影響を受け合い、学び合うことになる類まれな場だということに気がつくのです。

ニューハーフとしてショーパブ………↓デイサービス・訪問介護会社起業

介護職は考え方が自由。さまざまな個性を持つ人たちが、自分らしくいられる場です

葛目奈々（35歳）
セブンスカイ
（東京都杉並区）

うちは貧しかったので、私は小学五年生のときからお弁当屋さんで働いていました。家族は母と姉二人、そのなかで長男として育てられました。

思春期に入り、「自分はなにか変だ、なにかおかしい……」とモヤモヤした気持ちでいたのです。十七歳のとき、同級生の男子に初恋。「ああ、やっぱり自分はそうだったのだ（心と体の性が不一致だった）。これが、ずっと自分が変だと思っていた原因だったのだ」と確信しました。そこからすごく悩みました。「なんで、こんなふうに生まれちゃったのだろう」と、とても孤独で、母にも反抗してばかり。

Numéro 12

猛勉強して入った高校も中退してしまいました。二十二歳のとき、憧れだった新宿のショーパブで働けることになり、夜の世界の表も裏もすべてここで学びました。

二十五歳になり、ニューハーフとしては絶頂期でしたが、チヤホヤされたり人気があるのは若いうちだけだということは早くからわかっていました。そこで母も姉二人も看護師という環境だったので、私もきちんと資格を取って、ずっと働ける看護師を目指そうと思ったのです。働きながら通信の高校に通い、卒業し、いよいよ看護学校に入学しようと思ったところ、戸籍の性別（男性）と、見た目の性別（性転換した女性の姿）が違うのは患者さんも混乱するとかで、ことごとく受け入れを拒否されてしまった。当時はちょうど性別を変える法律が揺れている頃で、戸籍は男性のままだったのです。人生のなかで、一番大きな挫折でした。

看護はダメだったけど、介護の世界はどうなのかな？　と思って、いろいろ調べてみると、すごく間口が広かったのですね。「葛目さんの性別が男性でも、私たちは受け入れますよ」と言ってくれました。昼は学校へ通い、介護の資格を取り、夜は水商売で「介護で起業」するための資金を貯めました。

二十八歳のときに、古民家型小規模デイサービス「ひまわり亭」を立ち上げました。私と同じLGBT（注※）でカミングアウトできず、昼間働きたくても働け

● 17歳のとき、性同一性障害だと確信。ニューハーフとして新宿のショーパブで働きながら資金を貯め、介護で起業。LGBTのスタッフも受け入れている。株式会社セブンスカイ代表取締役。介護福祉士。

ない人たちのための受け皿をつくりたいと思ったからです。

設立から五年経ち、会社も落ち着いてきたので、思い切って去年カミングアウトしました。広告会社を説得して、「経営者でもあり、現場に立っている私自身がLGBTです。会社の待遇のなかには『性転換休暇』もあります。就職に悩んでいたら、うちに来てくださいね」という広告も出しました。

LGBTの人たちは子どもの頃からさまざまな差別や偏見などからいじめられた経験があるのです。常に人の顔色をうかがって生きているというか、いつもアンテナを張っている状態なのですね。でも子どもの頃はつらかったとしても、大人になるとそれが武器になる。人をよく観察する、察知能力が身につくのです。介護の仕事って、察知能力がすべてだと思います。利用者さんを観察して、見抜く力は、LGBTの人たちには備わっている。心に傷があるので、人に対して優しい人が多く、介護の仕事にとても向いていると思います。

★ 久田恵の眼

看護学校に拒否されても、「介護の世界は自由だよ〜」との葛目さんからのメッセージに励まされ、後にいろんな人が続いていくに違いありません。その実践力が誰もが「自由でいられる」介護の世界をつくっていくのだと思います。

※ LGBTとは、性的少数者を限定的に指す言葉。レズビアン(女性同性愛者)、ゲイ(男性同性愛者)、バイセクシュアル(両性愛者)、トランスジェンダー(心と体の性の不一致)の頭文字を取った総称。

アルバイト……→貿易会社……→介護職

「絶対後悔しない介護を目指す」介護とは相手と心を通わす深い仕事です

伊坂 偉（64歳）
シルバーヴィラ向山
（東京都練馬区）

私は中国の上海で生まれ、多感な少女時代に文化大革命を経験しました。その十五歳からの十年間は思い出すだけでもつらく、私の心に深い傷となって残っています。

文化大革命後、私は中国で電気製品のデザインの仕事をしていましたが、なんとかこの中国を出て、自由な地で生きていきたいと強く願っていました。そして、日本に留学するチャンスがめぐってきたとき、母が「お金は用意したから、日本に行っておいで」と背中を押してくれたのです。当時、私には九歳になる息子が

● 中国上海市出身。文化大革命後、息子を残し単身来日。さまざまなアルバイトを経験した後、貿易会社を経て介護職へ。日本語のハンデに負けず猛勉強し介護福祉士に合格。

Numéro 13

いましたが、「いつか必ず日本に呼び寄せる」と固く決心し、息子を置いて単身で日本にやってきました。

日本に来てからは、それはもう苦労しました。日本語学校と専門学校の四年間は、掃除や皿洗いなどいくつもアルバイトをかけ持ちして働きました。卒業後アルバイトで働いていた貿易会社では、仕事ぶりが認められて契約社員にもしてもらえました。そしてその頃、縁があって日本人と再婚し、生活はいくらか落ち着いてきました。ところが五十二歳のときに不況のため、会社から契約が切られてしまったのです。ちょうどそのとき、中国に残してきた息子が日本の大学院で勉強したいと来日しました。リストラと息子の留学が重なって、本当に大変でしたが、私は息子のためならなんでもやる覚悟でした。私には戻る道はなかったのです。

ハローワークで介護職を勧められ、二か月かけてホームヘルパー二級の資格を取得しました。最初の面接試験が、新聞の求人欄に載っていたシルバーヴィラ向山でした。「明日から来てください」と言われたときは、飛び上がるほどうれしかったです。

介護の仕事は最初戸惑いました。でも、ある利用者さんとの出会いが私の介護人生を変えてくれたのです。その方は要介護五の障害の重い方で、食事の介助のとき、私は食べてもらいたい一心で厳しい態度になってしまっていたのです。ふとその方を見ると、悲しい顔をされていて。私はすぐに謝りました。それからは、相手のペースや体調に合わせるように変えていきました。すると関係がとてもよくなったのです。その方が亡くなったときは涙が止まりませんでした。もっと早く気づいてあげればよかったと。そのとき、これからは絶対に後悔しない介護をすると心に決めたのです。人を思いやる大切さをその方が教えてくれました。

先日、中国で幼馴染に会いました。彼女は私があまりに変わってしまって、「かわいそうだ」と手をさすりながら泣くのです。私の手は労働者の手だから。でも、私は「とても幸せだよ」と言ったのです。今の私には好きなことができるなににも代えがたい幸せがある。でも、彼女にはそれはなかなか伝わらない。介護の仕事に就いたことで、私は変われました。一生懸命やると利用者さんも心で感じてくれる。介護は心を通わす深い仕事です。今まで関わったすべての人たちに感謝しています。

★久田恵の眼

伊坂さんの激動の人生、胸に染みます。彼女は有料老人ホームに入居した私の父の介護も担当し、共に看取ってくれました。まさに、介護の世界だからこその奇跡のような出会いです。

芸能関係→介護職

高度成長期の価値観とは違う、「ダサかっこいい」が介護の魅力です

佐藤 学（43歳）
生活リハビリクラブ麻生
（神奈川県川崎市）

前職は芸能関係ですが、先の見えない不安がいつも付きまとっていました。そんなとき、三好春樹さんの本を読んで福祉に興味を持ったのです。たまたま自宅近くにこの「生活リハビリクラブ麻生」があって、ボランティアを経て介護の道へ入りました。

働きながら資格の取れるこの世界に若い人がもっとたくさん入ってきてもらえたらと思います。この仕事は感謝してもらえることが多く、人の役に立っているということが日々実感できる仕事です。高度成長期の価値観とは違う「ダサかっこいい」介護の魅力を、若い人たちに伝えていければと考えています。

Numéro 14

ここの利用者の男女比は女性が四分の三、男性が四分の一。圧倒的に女性が多いです。男性はスタッフにもほとんどいませんでした。九十歳の認知症の女性のお世話をしていて、失禁されたのでトイレにご案内して介助したのですが、何日かしたら息子さんから「そちらの男性スタッフに母がチカンされた」とメールがあったのです。ケアは一生懸命したのにもかかわらず、そのようなことが起こってしまう。男性職員が女性を介助する難しさをたくさん味わいました。

今後は男性利用者さんのための空間をつくりたいという夢があります。たとえばアンティーク調の革張りソファーがあって、大き目のミニコンポを置いて。団塊の世代が夢中になったビートルズやローリング・ストーンズをみんなで歌って盛り上がる、そんなデイサービスがあったらいいなぁと。サロンに遊びに来るような、利用者さんが来るのが楽しみになる男の空間を将来つくりたいですね。

介護では待つことは安全にもつながるので大事にしています。大切なのは忍耐と観察、想像力ですね。趣味で振り子時計の修理をしているのですが、振り子時計はゼンマイを巻かないと動かないし装飾過多だけど、その無駄が味わいというかおもしろみなのですね。百年前の時計でも、扱い次第で動き続けます。五十年前は、どこでどんな人に大切にされていたのだろうと想像力が膨らみます。そんな振り子時計に、介護の世界に通じるものを感じています。

● ケアマネジャー。古い振り子時計の修理の趣味が高じて時計職人に弟子入り。施設の時計を定期的に入れ替えて、利用者さんに楽しんでもらっている。

飲食店のアルバイト………→シンガーソングライター兼ホームヘルパー

言葉や態度が示す大事な意味に気づくことができる仕事かな

石橋りょう（29歳）
まんぞく介護
（東京都豊島区）

デイサービスのなかでは利用者の方も変わるじゃないですか。家にいる自分と働いているときの自分が違うように、利用者の方でも同じです。本当に困っている部分や助けてほしい部分は見えないんじゃないか、もう少し深く突っ込んで利用者の方に付き添ってみたいと思ったのがきっかけで訪問介護への異動願いを出しました。現在は、訪問介護のホームヘルパーとして働いています。

もともとは、離れて暮らす祖父母の老老介護になにかできないかと思ったのがきっかけで介護職員初任者研修を受講しました。資格がほしかったのではなくて、介護スキルを学びたくて通学していただけです。介護職に就くとは思ってもいま

Numéro 15

せんでした。今、会社の環境に助けられている面は、多々あります。シンガーソングライターと介護の仕事は、会社の支えがないと両立できないですから。

介護も音楽もどちらも人と関わるもの。介護の現場では接するときの自分の素直な気持ちが伝わります。音楽でも演奏するときになにも思っていなかったら聴いている人にもなにも伝わりません。シンガーソングライターと両立させるために、介護と音楽の共通点を探って、それぞれよい影響を与えられるように工夫しています。利用者の方のなかには、「いつ自分みたいな体になるかわからないから、好きなことをやりなさい」と口が酸っぱくなるほど何度も言ってくださる方も。実は、その方に影響されてつくった曲があります。利用者の方との会話は曲づくりにもインスピレーションを与えてくれるし、人生にも多くの示唆を与えてくれます。

言葉や態度の一つひとつが、あらためて大事な意味に気づかせてくれることもあります。「酸素は大事なんだよ」って言われても、通常は、あまり意識はしないですよね。でも、この酸素が薄いと息苦しいような、自身でできることが限られているような方々が、なにか一つポンっとできるようになったりした瞬間には、「これができるというのは、本当にすばらしいこと」と心から思える。その瞬間に立ち会えることがこの仕事の魅力だと思います。

● 日中はホームヘルパー、夜は芝居の稽古や編曲をしたり二足のわらじをはく。責任感は人一倍強く、高齢者の素の姿を見たいとデイサービスから異動願いを出し、現在に至る。介護職員初任者研修修了。

絵の勉強をする……→ライター……→臨床美術士

表現することで自己解放し
自分の可能性や誇りを取り戻してもらいたい

佐藤敏美（55歳）
デイケアうさぎ
（東京都小金井市）

子どもの頃からお年寄りが好きで、その現場で臨床美術（注※）を実践したいと思っていました。デイケアうさぎからお話をいただいたときはとてもうれしかったです。このデイケアは、もろほしクリニック併設型の通所リハビリ施設です。「単なるレクリエーションではなく、リハビリとしての価値のあるものをやりたい。エビデンスがあるものを取り入れたい」という創設者の思いがありました。二〇〇八年のオープンと同時に臨床美術を取り入れ、新築の建物にも設計段階から臨床美術に必要な水場等の設備が盛り込まれるなど、全国的に見てもまれな本格導入の恵まれた環境で実施できています。

※ 臨床美術：臨床美術は、絵やオブジェなどの作品を楽しみながら作ることによって脳を活性化させ、高齢者の介護予防や認知症の予防・症状改善、働く人のストレス緩和、子どもの感性教育などに効果が期待できる芸術療法（アートセラピー）のひとつです。（「特定非営利活動法人日本臨床美術協会」ホームページより引用）

Numéro 16

臨床美術で行われるような表現活動は、その人の人生のなかでの一つの輝きになれます。そこでは、その場にいるすべての人の個性が許される空間です。一緒に表現活動をすることで、理屈や言葉抜きにその人の感性のすばらしさをご本人やクラスメイトと共有することができます。ご自身で自分の内にある可能性に気づくのです。自分を誇らしく思えることで、自信を取り戻し、さまざまなことに自発的に取り組むことにもつながります。

私にとって臨床美術はライフワークです。子どもの頃から単純に描くことが好きで、ごくごく個人的な行為でしかなかったことが臨床美術と出会ったことで大きく変わりました。

実は、子どもの頃の私は言葉によるコミュニケーションが極端に下手でした。今も決して得意ではありませんが、臨床美術という人と接するツールを得たことから、本来は嫌いでなかった「人と関わること」につながり、このデイケアうさぎという現場につながり、臨床美術を通じて参加者さんの「思い」と出会い、その人生とちょっとだけつながり……。同じ場で働く人との出会いも含めて、臨床美術が多くのものをつなげてくれました。この先、現場での現役は何十年もとはいきません。それだけに、この場や出会いを大切にしたい。そのためにも、臨床美術をもっと広く知ってもらうことにも力を注いでいきたいです。

● 絵の勉強をする傍らアルバイトではじめたライターが本業に。環境問題を追うなかで現場の活力に魅せられる。臨床美術の黎明期から関わり、活動の場は病院を経てデイケアの現場に。臨床美術士。

モダンダンサー……→アメリカ移住……→介護職

介護は肉体の訓練。私の得意分野を活かせる仕事でした元ダンサーの、

青山琉璃子（65歳）
ユニマットそよ風
（千葉県佐倉市）

幼い頃からプリマドンナを夢見ていました。二十代のときに全日本舞踊コンクールで五位に。もし一位になっていたら人生が変わったのかなと思いますが、そうならなかったことで踊りへのこだわりに縛られ続けてきました。私は踊りへの思いから逃れられず、三十九歳で離婚。子連れでアメリカに行き、ノースカロライナでバレエスクールの先生をするようになりました。その後、ミュージシャンの男性と再婚、アメリカに落ち着きました。

十年前、日本に残した高齢の父親が気がかりになり、日本に戻りました。父は千葉の酒々井町で妹と同居中でしたが、長女の自分が、という気持ちがありまし

Numéro 17

た。町は水田風景の美しいところ。そこで私はバレエ教室を開き、夫も英語を教える計画でした。でも、この町ではバレエ教室で生活が立ちゆかないと断念せざるを得ませんでした。五十九歳のアメリカ帰りの女に就職口はありません。ハローワークでホームヘルパー資格の講座を受け、私は介護施設で働きはじめました。

ダンスは、肉体の訓練を伴います。高齢者の体のお世話をし、機能を回復させるこの分野は、自分が今までやってきたことに重なっているとすぐに気づきました。やっていて楽しい。私は一途にやるタイプで、次第に責任の重い仕事を任されるようになり、日々忙殺されるようになりました。一方、夫は二〇〇八年のアメリカの住宅ローンの不良債権危機に巻き込まれ、日本に来られない。

その頃、私の胃が痛みはじめ、初期の胃がんと判明しました。ベッドに横たわる立場になって、自分にとって介護の仕事とはなんだろうと考えるようにもなり、このとき、「わたしの居場所って、ここなんだな」との実感を覚えたのです。あんなに好きでこだわっていた「踊る」ことは、「本当に私の好きなことだったのか？」とさえ思ったのです。十年やって、ついに介護の深さに気がついた瞬間でした。

収入は、月十五万円。庭付きの古い戸建ての家を借り、庭にトマトやナスを植えて暮らしながら、今、夫が日本に来るのを待っています。

● 元バレエダンサー、39歳でアメリカのノースカロライナに子連れで移住、59歳で親の介護のために日本に戻り、介護職に。

特養介護職……▼福祉・介護のNPO法人設立

規則で縛らない、最期まで その人らしさを失わない施設をつくりたい

佐藤悠祐（25歳）
Startline.net
（東京都八王子市）

Numéro 18

戸籍上の性別は女性ですが、十九歳で性同一性障害であることをカミングアウトしてから佐藤悠祐という名で、男性として生きています。

福祉の専門学校を卒業後、特別養護老人ホームに介護福祉士として就職しました。就職して数か月たった頃、「男子ロッカーで着替えたいです」と施設長にカミングアウト。「君がいいなら、それでいいよ」と言ってくれました。介護の仕事は男性も女性も仕事の内容は同じ。常に人材不足なので性別にこだわりがなく、僕と同じセクシュアル・マイノリティの人も働きやすい環境だと思います。

幼い頃は外遊びが大好きな活発な子どもでした。小学校の高学年になった頃、

なにか自分は人と違うと感じ、得体の知れない違和感を抱えながら毎日を過ごしていました。中学生の頃、テレビドラマで女性から男性に性別を変える主人公を見て、自分が性同一障害であることに気づいたのです。高校生になり、インターネットで同じように悩んでいる人たちとネット上でつながることができ、戸籍を女性から男性へ変えられる話や、性別適応手術、ホルモン治療の話も聞け、自分も男性として生きていくことができると知ってうれしかったですね。

高校卒業後は福祉の専門学校へ進学しました。卒業後就職した施設では、入居者さんがなかなか病院へ連れて行ってもらえず、手おくれになるという苦い経験をしました。入居者さんの日々の情報量は僕ら介護スタッフのほうがずっと多い。それを医師や看護師に伝える知識を僕らも持たなければならないと痛切に感じました。僕が性の問題で悩んだのも情報量の圧倒的な少なさからでした。人の最期に関わる仕事をする者として、そのときの痛みを忘れてはならないと思います。

今は訪問介護の仕事をしながら、NPO法人Startline.netという団体の代表もしています。介護施設で働くLGBTの人への対応や、入居者さんがLGBTだった場合など、多様性のある福祉社会の実現に向けて活動しています。将来は、利用者さんを規則で縛らない、僕が僕でいられて、あなたが、あなたでいられる、最期までその人らしさを失わない施設をつくりたいと思っています。

● 介護福祉士。性同一性障害で幼い頃から性の不一致で悩んできた。多様性のある福祉社会の実現を目指してNPO法人Startline.netを立ち上げ、さまざまな活動を行っている。

ホステス……→介護職

今は人生で一番幸せ。この仕事で私は娘たちを育てることができました

河村ガウディオサ（44歳）
いっしん館　瀬谷
（神奈川県横浜市）

Numéro 19

フィリピンで生まれ育ちました。両親を助けたいとの思いから、高校を卒業してすぐに日本にやってきました。フィリピンパブで働きはじめ、そこで知り合った日本人と結婚しました。相手は二十四歳年上で、私はまだ十九歳でした。

店を辞めて専業主婦になりましたが、二十一歳で長女、二十三歳で次女を出産し、また夜の仕事に戻りました。日中に仕事をしている夫と交代で育児をして、九年間その生活は続きました。三女を妊娠し出産したので、仕事を辞めたのですが、その頃から夫の仕事がうまくいかなくなり、乳飲み子を抱えながらまた別のフィリピンパブで働き出しました。

そんなとき、外国人介護スタッフサービス会社を紹介してもらい、働きながらホームヘルパー二級の資格を取得しました。その後、夫にさまざまな問題が出てきてお金に困り、電気が止まったり、水道が止まったり。水がないと顔も洗えないし、トイレも流せない。近くの公園まで何度も水を汲みに走りました。電気が止まったときは、ろうそくで生活して。三人の子どもを抱え、必死だったあの頃を思うと、今でも涙が出てきます。そのうち、借金取りが家に押しかけて来るようになり、私と三人の娘たちを残して夫が突然蒸発してしまったのです。

当時の私は、グループホームで働きはじめたばかりでした。夫と離婚して、狭いアパートに引っ越し、親子四人の新生活がスタートしました。

フィリピン人はお年寄りを世話するのが大好きです。そんな文化で育ったので、介護職に就くことにはまったく抵抗はありませんでした。ここで接するお年寄りの昔の暮らしと、私が育ったフィリピンでの生活がとてもよく似ています。戦争の話や若い頃のことなどもお話ししてくださるので、日本の文化について勉強にもなります。この仕事のおかげで娘たちを育てることができて、感謝しています。

人生のなかで今が一番幸せです。今の幸せを思うと、神様は見ているのだなと。幼い頃から働き詰めの人生でした。やっと余裕ができたので、今までできなかったことをやってみたい。介護の仕事も続けて極めてみたいですね。

● フィリピン出身。夫が借金を抱え３人の幼い娘を残し蒸発。離婚し、介護職として働きながら異国の地で女手一つで子どもを育て上げた。

会社員 ……→ 介護職

一緒にいる人が気分よくいてほしい。そこに生きる意味があるのです

坂西伊都美（52歳）
ソラスト介護事業本部
ショートステイソラスト西府
（東京都府中市）

二十一歳で結婚し、二十五歳で長女が、二十八歳のとき長男が誕生しました。

長男は医師からルビンシュタイン・テイビ症候群ではないかと伝えられたのです。この障害は知的や運動などの発達遅滞があるため、一歳から心身の機能訓練や作業訓練など療育の生活がはじまりました。知的障害のある息子は多動でひとときも目が離せず、夫が仕事から帰ってきてやっと息がつける感じでした。

娘が中学二年、息子が小学五年のとき夫の肺がんが発覚し、余命一年半から二年と告知されました。そこから夫の状態はみるみる悪化し、半年間の壮絶な闘病生活の末、亡くなりました。パパが亡くなったことを理解できない息子と、思春

期まっただなかの娘を抱えて、悲しみに暮れるひまはありませんでした。

息子がやっと高校を卒業し、通所の施設に通いはじめた頃、私の持病が悪化。手術のために入院することになったのです。自分にもしものことがあったら、息子はどうなるのだろうと意を決して息子を施設に入所させることにしました。

息子がいなくなりすごく気が抜けた感じでしたが、「家にも帰ってくるし、会えなくなったわけではない」と気持ちを切り替え仕事に就くことにしました。今までの人生経験がなにかしら役に立つかもしれないと思い、介護の仕事を選びました。東京都のトライアル雇用事業で、働きながら介護の資格が取れるということを知り、今の職場で働かせていただくことになりました。

介護職に就いて四年。仕事に慣れ慢心したときにミスが起こりやすいように思います。常に恐れや怖さを忘れてはいけないと戒めて、利用者さんとの会話は大事にしています。認知症のある方とも笑いに持っていくことを心がけています。そうすると自分も楽しいのです。一緒にいる人が気分よくいてほしい、楽しい時間になってほしい、そこに生きる意味もあるのではと思うのです。

息子を育てたおかげで、見えてきたものがあります。欲に支配されず、いいあきらめ方のできる人になりたいなと。取捨選択できる目を持っていたいと思っています。

● 障害を持つ長男の子育てに奮闘しているさなか、夫が肺がんで死去。シングルマザーとなり、長女、長男を育て上げた。長男の施設入所を機に介護の仕事に就いた。介護福祉士。

老健介護職……→デイサービス介護職

自分次第で、いくらでも楽しさを見出せる場だと思うんです

今野雅隆（30歳）
グリーンライフ湘南（神奈川県藤沢市）

高校で進路を決めるとき、担任の先生に「これからは福祉の時代になる」とアドバイスを受け、福祉の専門学校で二年学びました。

介護の仕事ってつらいとか、大変とか、そんなイメージが強いと思うんですよ。僕も最初はそう思っていました。専門学校の実習で現場へ行ってみると、思った以上に過酷で、正直自分の世話もできないのに人の世話ができるのかと悩みました。でも、「とりあえず目の前のことをやるしかない！」と頑張っているうちに、大変は大変だけど、いやな大変さではないと感じられたのです。

新卒で大きな介護老人保健施設に就職し六年勤めた後転職し、今は定員六十名

Numéro 21

のデイサービスを担当しています。介護職一筋で十一年経ちましたが、この仕事を辞めたいと思ったことは一度もないですね。なかには手のかかる利用者さんもいらっしゃいましたが、その方のよい面が引き出せたときが介護の仕事の醍醐味だなと感じます。自分次第でいくらでも楽しさを見出せるんじゃないかと思うのです。僕自身は素というか、ありのままの自分を出すことを心がけています。初めからダメな自分をさらけ出して、「こんな人間なんです！」ってみんなに知ってもらおうと。そうすると自分も楽だし、安心して信頼してくれる人も出てきます。今日も一日、自分も楽しもうと思うと、前向きに仕事に取り組めます。

施設を通じて、「介護男子スタディーズプロジェクト」に参加させてもらいました。この企画は、二〇一五年九月に、介護の現場で働く「介護男子」に焦点を当て、介護男子の日常を切り取った写真と、さまざまな視点からの論考を載せ、介護の現状を明らかにした『介護男子スタディーズ』という書籍の出版プロジェクトです。参加しようと思ったきっかけは、この業界は圧倒的に女性が多いので、男子にもどんどん入ってきてほしい、若い人が職業の選択をするときに「介護職っていいいな」と言ってもらえるように、業界を盛り上げていけたらと思ったからです。今の自分には社会を変える力はありませんが、僕にやれることで貢献したいと思っています。

● 野球部で培った根性で介護一筋11年。2015年「介護男子スタディーズプロジェクト」に参加、イケメン介護男子としてメディアに登場し、話題に。

劇団員 ……→ ホームヘルパー ……→ ケアマネジャー

その人がどんな人生を歩んできたのか、人に興味を持つのは、役づくりと同じ

西村郁子（51歳）
大台町地域包括支援センター（三重県大台町）

高校卒業と同時に上京し、アナウンス専門学校の声優専科で学んだ後に劇団に在籍。そこでは、あるアメリカ人の女流演出家との衝撃的な出会いがありました。

彼女からは、「自然な芝居（自然に見える演技）」をするためのイロハを教えてもらいました。キャラクターとして自由に動ける体をつくるアスリート並みの筋肉トレーニング、台本の読み方、役づくりの方法……。次第に芝居のおもしろさにのめり込み、気づくと三十代後半に。このまま役者を続けるのかどうか考えるようになり、ふと思ったのは夢を追い続ける私を支えてくれた両親のこと。

Numéro 22

田舎へ戻ることも念頭に置いてハローワークに行きました。折しも介護保険制度がはじまった頃で「介護職募集」のポスターが目に入りました。迷わず職業訓練学校に三か月間通ってホームヘルパー二級の資格を取得。「東京で芝居をしないなら田舎に帰ろう」と決意し、短期入所施設での私の介護職がスタートしました。

かつてアメリカ人演出家が諭してくれた「自分が大変なときこそ、相手のためにエネルギーを出しなさい」という言葉。介護も芝居と同様に、「一方的になにかをしてあげるのではなく、お互いの相乗効果で一緒にいい方向を見つけていくアンサンブルなんだ！」という思いから、相手とキチンと向き合える場としてグループホームに転職しました。そこでは芝居で培ったものが自然と活かされるようになったのです。

入所者の方からは、「あんたの話す言葉はすごくわかりやすいな」とよく言われます。相手に伝わるように話すのは台詞のときも一緒。話が伝わると、コミュニケーションも取りやすくなります。相手の言いたいことはなにか、その人がどんな人生を歩んできたのか、人に興味を持つのは役づくりと同じこと。

芝居づくりは演出家、照明さん、音響さん、衣裳さん、小道具さん、大道具さん、そして役者たち……、それぞれが自分の仕事を最大限に行い、お互いの相乗効果でよりよい作品を一緒につくり上げていくアンサンブルです。介護の現場も

● 理想とする施設起業を念頭にケアマネに。利用者と劇団を旗揚げし、全国を回るのが夢。ギブアンドテイクをモットーに、町ぐるみで元気な高齢者を増やしたいと奔走する。介護福祉士。介護支援専門員。

きっと同じではないでしょうか。

役者経験のある人は、介護の仕事は絶対にいい。いろいろな人たちを相手にしていると、ときにはカチンとくることもあります。そんなときは、役をつくって接すると直接的に相手とぶつからずに、意外とおもしろい世界が広がります。

たとえば、着替えをいやがるようなときにはその方の孫の役になってみるとか。それにはその方の今までの人生に興味を持っていろいろ知っておく必要はありますけど。アプローチの手段として、普段から自然に取り組んでいます。

ハローワークで見たポスターから介護職への転機となりましたが、単なる介護の世界だけに終わらずに、役者の経験を活かしてもっともっと広げていきたい。そうすることで、私がこの仕事に携わる意味があるのかなと思います。

★久田恵の眼

介護の仕事を多様な人と共につくり出す共同表現の場、作品づくりの場、そんなふうな視点を持てれば、ワクワクしてきてしまいますね。

OL……→とんかつ屋……→ホームヘルパー

相手の生活がかかっているから、簡単には投げ出せない責任があります

峯山智子（60歳）
あおぞら港事業所（東京都港区）

家族でとんかつ屋をやっていたのですが、二人の子どもを抱えて離婚。友人の紹介で「とりあえず」の気持ちでヘルパーをはじめ、今十六年目です。とんかつ屋だったので、調理は得意。それでも理不尽な言いがかりをつけられて、辞めたいと思ったことも。でも、本当に辞めたいと思ったのは自分が失敗してしまったとき。ところが訪問先に謝りに行くと、「誰にだって失敗はあるよ、だから大丈夫」と言ってくださって。「また頑張ろう」と初心に返ることができました。

辞められないもう一つの理由は「責任」。だって相手は生身の人間で、しかも日常生活がままならないような高齢者や障害者の方です。簡単に投げ出せる仕事ではありません。サービス提供責任者という立場になり、ヘルパーさんたちの心のケアも大事な仕事だと感じるようになりました。「現場でつらかったことがあったら、ここで吐き出して」と伝えています。気持ちよく働ける環境をつくるのも利用者のためになると思っています。

● サービス提供責任者。OLを経て結婚。夫婦でとんかつ屋を営む。離婚後、介護の世界へ。定年後の夢は気軽に立ち寄れる小料理屋を開くこと。

Numéro 23

書店員……→ホームヘルパー

「笑顔を交換できる人でいなさい」という、言葉をかみしめています

横島吾郎（36歳）
キヨタ芝浦介護サービス（東京都港区）

高校卒業後は書店に勤めました。仕事は楽しかったのですが、なかなか正社員になれず悩んでいたとき、飲み仲間の介護職の人から「お前は介護の仕事が合っていると思う」と言われたのです。それで、東京都の雇用促進プログラムを利用して、ホームヘルパー二級の資格を取り、現場に出るようになりました。

訪問介護の仕事が好きですね。なんといっても一対一、ご夫婦のところに入っても一対二。限られた時間のなかで一二〇パーセント相手に満足して喜んでもらえるか、それが自分にかかっていると思うと、やる気もわいてきます。現場が好きです。利用者の方とは握手のできる距離にいたいですね。書店時代の店長から「ありがとうと笑顔はなくならない。だから笑顔を交換できる人でいなさい」と言われたことがあります。いい言葉を伝えてくれたなと。僕は笑顔の交換ができる人間でいたい。利用者の方に「ありがとう」と言われたら、「呼んでくれてありがとう」と伝えます。「ヘルパーは呼ばれないと来られないからね」とか言ってね。

● 介護福祉士。高校時代、先生に誘われ演劇部に。人を楽しませることに魅力を覚える。書店勤務を経て知人に勧められ介護の世界へ。

Numéro 24

スナックのママ……→二足のわらじで介護職

「相手はどうなのか」と想像する気持ちが大切な仕事です

清水雅美（52歳）
アイエスコート西麻布　サービス付き高齢者向け住宅（東京都港区）

Numéro 25

スナックのママをしながら、この仕事をしています。「共通点」は傾聴ですね。相手がどう思っているのかという想像力は常に働かせています。高齢者の方の尊厳は大切にしたいですから。あるときはヘルパーさん、あるときは友人、あるときは娘、あるときは親みたいな気持ちになって、話を聞いています。

●祖母、母親の介護を経験。母親の主治医で、中学時代の先輩から誘われ、介護の世界へ。

障害児ボランティア……→特養介護職兼音楽ボランティア

介護の仕事は、エンターテインメント。高齢者と音楽で盛り上がっています

手塚 収（46歳）
特別養護老人ホーム三ノ輪（東京都台東区）

Numéro 26

障害児に関わるうち、ひょんなきっかけから介護の世界へ。現場で、趣味のギターを演奏すると、みんなが喜んでくれました。今も年三回の音楽イベントに地元住民や音大生、自分の音楽仲間が出演して高齢者の方と一緒に盛り上がっています。介護はエンターテインメント。楽しまなくちゃね。

●児童福祉の専門学校時代からボランティアにいそしむ。現在も「介護士ンガー」として活動中。

知りたい！まめ知識 ❷

略語は難しい？「サセキ」って知ってます？

取材中に何度も聞いた「サセキ」という言葉。最初に聞いたときには、「え？」と二度も聞き返してしまいました。「サセキ」とは、サービス提供責任者の略で「サ責」と略されることもよくあります。ホームヘルパー（訪問介護員）、ケアマネジャー（介護支援専門員）や、訪問介護サービスの利用者のパイプ役です。訪問介護事業所にはサービス提供責任者の配置が義務づけられていて、まさになくてはならない重要な存在なのです。ほかに介護の世界で略語として使われているのは、介護支援専門員の「ケアマネ」。略語のほうが、有名かもしれませんね。新聞などで登場する「特養」は特別養護老人ホームの略。ちなみに「サービス付き高齢者向け住宅」は、新聞などでは「サ高住」と表記されています。最初に耳で聞いたときはフランス語かと思いました。わかりやすい端的な略語をつけるのは至難の業なのかもしれません。

石川未紀（社会福祉士）

サービス提供責任者　あおぞら港事業所　**峯山智子さんのコメント**

ホームヘルパーとして、現場で経験を積んだ後、サービス提供責任者になりました。「サ責」になってから、働く人の気持ちも考えるようになりましたね。気持ちよく働いてもらうことが、利用者の方へのいいケアにつながっていくと思っています。ケアマネと連携しつつよいサービスができるように頑張っています。

3 働く人も癒されます

介護の現場には、人生の途上でつまずいた若者や、挫折して行き場を失った人が迷い込んできます。そんな人たちを癒し、人生未経験な若者を成長させ、自己変革させる力のある不思議な場所でもあるのです。

社会人として最初に足を踏み入れた現場が介護だった、という新卒の若い人たちもどんどん増えていますが、介護を受けている方たちの存在そのものが「人を育て自立を促す」という役割を果たしている場所です。

介護を受けている方たちは、先行世代としてここで出会った若者たちの視野を広げます。他者を支える意味を伝えます。そして、人の生と死を考えさせ、成長していける場所にする、そんな大事な役割を果たす場になっているのです。

芸人……→介護職

抜け殻のようになってしまった僕を、支えて癒してくれた場所です

内藤輝彦（43歳）
特別養護老人ホーム さくらの里山科
（神奈川県横須賀市）

Numéro 27

介護職に就く前は、吉本興業で芸人をしていました。二十三歳のときにNSC（吉本総合芸能学院）に入り、三人でトリオを組みました。それから足かけ十八年にわたって、芸人生活を送っていたんです。ところがメンバーの一人が「芸人を辞める」と言い出してしまって。二〇一五年十月に解散。どうしようかと思った末に、翌々月の十二月には芸人を引退することになりました。

しかし芸人を辞めると決めたものの、その先の道が絶たれるわけで、なにをしていいのかもわからなくなってしまいました。すっかり、抜け殻のようになって

しまいましたが、生きていくためには働かなければいけません。多少の迷いはありましたけれど、芸人時代にアルバイトをしていた特別養護老人ホームに、「働かせてください」とお願いをしました。

運よく、翌年四月から正職員として採用してくれたんです。夜勤のアルバイトからフルタイムになっても働きたいと思ったのは、こんな言い方は悪いかもしれないけど、生きていくために選んだ仕事だったんです。でも、そこで働きたいと思う環境面が揃っていたのと、入居者の方々と触れ合うなかで、ほんわかとした、なんですかね、いやな感じがなかったのも事実ですね。

ここでは、入居者の方お一人おひとりに、オリジナルのお誕生日会があるんです。僕が担当した入居者の女性に、「お誕生日になにをしたいですか」とうかがったところ、「海が見たい。お寿司が食べたい」というリクエストがあったんです。リクエストに応えるべく、入念な準備のもと当日を迎えました。おしゃれもして僕と二人でお寿司を食べて海辺へのデートに出かけました。

海を前にしたときに、「海がきれいね」とか、横須賀の並木道を通ったときには、「昔、ここにはよく来たんだよ」って。普段は、そんなに話されることのない方だけに、その方の思い出を垣間見たというか、人となりを知ることができてよかったなと素直に思いました。僕にとって初めてのお誕生日会で、二人きりも初めて

●18年間の芸人生活を経て、トリオを解散。心の整理がつかないまま選んだのは、芸人生活の最後の2年間、アルバイトで東京から往復3時間かけて通った今の職場。支援員（介護職）として正職員に。

のことでした。正職員になって一年目のことです。芸人を辞めて抜け殻のようになっていた僕の心が癒されていくのを感じました。

僕はここで働きながら、本当に入居者の方々に支えられています。落ち込んだときも入居者の皆さんとの会話に僕が癒されているのを感じます。自分ではそんなに気づいてはいなかったのですが、芸人を辞めたことで心が傷ついていたんですね。皆さんの笑顔に日々、癒されています。いやなことも忘れさせてくれるというか、傷ついた心を気づかせてくれたように思います。

僕自身、介護職の資格はまだなにも持っていないんです。早く介護福祉士を取得して、イベントの企画とかにも携われたらいいなと思います。みんなで笑い合えるようなものをやりたいですね。介護職に就く人が少ないとよく聞きますが、辞めた芸人全員を介護職にさせるのもいいかもしれませんね（笑）。

★久田恵の眼

出会ってよかった、とお互いが思える関係を得られるのは、まさに人生の贈り物のようです。それを贈り合える関係が介護の現場で生まれ続けていると思えたら、シアワセな心持ちになりますね。

フリーター ……… 入浴サービス

手抜きはNG。相手を思う気持ちが大事と自分を改心させた仕事です

下谷祐輔（33歳）
入浴サービス
イリス　平和島
（東京都大田区）

介護業界に入るまでは、居酒屋で働いていました。バイトだったので、正社員にならなきゃいけないなと仕事を探したんです。たまたま訪問入浴サービスの仕事を見つけました。車を運転して、組み立て式の浴槽を運んだり、利用者の方を抱っこしてお風呂に入れるなど、力仕事を受け持ちました。最初の会社は、パート扱いでしたが、一年以内にこれができたら契約社員、これができたら正社員、というのがあったんです。ところがそれをクリアしていっても変わらず、二年くらいで、やっとのことで正社員になったと思ったら、逆に手取りが五万円くらい減っ

● 高卒後、フリーターを経て介護の世界へ。訪問入浴サービスの会社は二つ目。現在は平和島の管理者として営業もこなす。

Numéro 28

たんです。やっていられないという気持ちになって、辞めてしまいました。

その後イリスに入社しました。仕事の流れはほぼ一緒なんですが、内容が全然違いました。前の会社は、ただお風呂に入れるという感じでしたが、ここでは、どうしたら利用者の方が気持ちよくお風呂に入れるかが第一。寒くないように、とにかくていねいに楽しい時間を過ごしていただく、という考えなんです。

たとえば、浴槽にお湯を溜めるとき、ふつうはお湯を満タンに溜めますよね。だけど前の会社では時間がかかるという理由で溜めないんです。浴槽のなかにハンモックのようなものを入れて、利用者の方に入ってもらうのですが、お湯が溜まっていないのに、利用者の方を乗せてしまう。利用者の方は、裸で空中にいるような状態です。寒さしのぎにタオルを二、三枚かけて、溜めている間に顔を洗ったり頭を洗ったり。その間に半分くらい溜まって、やっと浸かれるくらい。そんな状態でも利用者の方は「ありがとう、ありがとう」って。お湯に浸からず空中にいるんですよ、冬場でも五分とか。たとえケアマネさんから「一時間」という依頼で受けていて、三十分で終わってしまっても金額は一緒なんです。一日何件こなせ、一日いくら稼げって、お金のことが中心。一時間で二件入れたら二倍の利益になる。そこでは、寄り添ったケアができる環境とは全然違っていました。

イリスに入社した当初はギャップが大きすぎて、大変な思いをしました。それでも教える立場にもなってきて、テキトーにお風呂に入れるなんてもってのほか、というように僕自身、徐々に改心されていきました。

利用者の方が訪問入浴を依頼するのは、一週間に一回か二回。完全寝たきりの方が多いんですね。ご本人もご家族も、しっかりお風呂に入って気持ちよくなりたい、っていう気持ちで依頼してくれていると思うので、それにちゃんと応えられるようにと思っています。チームでやっているので一人でいいサービスを、と思っていてもダメなんです。みんなが同じ方向を向いてやっていかなければいけない。だから職場の人間関係はものすごく重要だと思っています。

この会社に入って、考え方も変わって僕自身成長できました。社長がとても熱い人なんです。いいサービスを、っていうのはうるさいくらい。ちゃんと向き合っている人にはちゃんと応えてくれるし、手抜きや適当さは許さない。芯が通っているので、尊敬しています。少しでも社長の手助けになれればと思っています。

★ 久田恵の眼

「介護」と一くくりにされますが、一つひとつの仕事がどれほど大切か、その一つひとつが介護を受ける人の晩年の人生を冷たくも温かくもする、そういうことを下谷さんの体験から教えられた思いがします。

言語訓練指導員……→専業主婦……→入浴ヘルパーパート……→デイサービス介護職

利用者の方から家族、仕事仲間と、喜びの輪がどんどん広がる仕事です

坂上由子（39歳）
ライフプレステージ白ゆり新さっぽろデイサービス（北海道札幌市）

結婚前は、言語訓練指導の仕事をしていました。言語発達のおくれや食べる機能のリハビリをするのです。私は子どもを対象に仕事がしたかったのに、それがかなわなかったこともあり、出産を機に専業主婦になりました。

子どもが幼稚園に入ったときに、デイサービスでパートの入浴ヘルパーをし、そろりそろりと働きはじめてみたわけです。「背中を流してもらうとうれしい」と言われ、うれしくて昔の仕事への思いもよみがえりました。でも、私は人と話すのが苦手。ふつうのパートになってみたものの、大勢の前で話すレクリエーションの指導なんて絶対無理と思い、入浴ヘルパーのパートに戻ったりしていました。

Numéro 29

あるとき、こういうことを延々やっていてもダメだぞ、と思い、デイサービスのパートに替わり、簡単に逃げられないよう正職員にもなっちゃったんです。パートから正職員への踏ん切りなんて、ほかの方にはなんでもないことかもしれませんが、私には大きな壁。覚悟して乗り越えないとできないことでした。そんなわけで、事業所を三つも変わって十年もさすらった末に、今の職場に落ち着きました。職場を変わる度にレクリエーションとか体操とか、食事介助とか仕事の領域も増やしていきました。当時は現場経験三年で、介護福祉士を受験することができたので、資格も取り、じわじわとこの世界にはまっていったのです。ふり返ると、自分がいろいろとできるようになることにうれしさを覚えていたのが、いつの間にか人に頼ってもらうことにうれしさを覚えるようになったというか。自分を表に出すのが苦手でも、陰で支える人になりたいと、変わってきたのです。

介護の現場は、利用者の方が喜んでいると、その家族も喜んで、私が喜んでいると、仕事仲間、私の家族も喜んで……。喜びの輪が広がっていくのだなあと思うようになりました。おかげで完璧を求めていた子育てでも、今は、「ま、いいかな」とか「いろんな考えがあるのね」と、受け入れられるようになりました。私は、介護の仕事をすることで、この十年、少しずつ自己改革ができたのだ、と実感しています。

● 元言語訓練指導員、専業主婦を経てデイサービスのパート職員に。数か所の事業所を経験後、現在複合介護施設のデイサービス副センター長。

建築業……→介護職……→デイサービス起業

人生を支えさせてもらっている、すばらしい仕事やなと思うんです

三木直也（32歳）
ケアセンター風花
（和歌山県海南市）

家をつくるのが僕の夢でした。中学校を卒業後には自然と建設業に飛び込んでいました。個人の家や病院などの内装、いろんな現場に行っていろんなものをつくる……ものづくりの現場が楽しかった。十五歳から十九歳までの四年間、建設業で働きました。

仕事を辞めている時期に父が介護の仕事を起業したんです。「今、仕事をしてへんのやったら、ホームヘルパー二級を取って働いてみないか」と、プラプラしている息子を見かねて声をかけたんでしょうね。それが介護業界に入ったきっかけです。介護職に転職しても意外と戸惑いはなかった。父の会社は訪問介護サービスとデイ

Numéro 30

サービス。二十四時間を通して介護を必要とする人の生活を知りたい、もっと深く関わりたいと思い、二年半で退職して特別養護老人ホームに転職しました。

特養には、「ここに入ったら、もうおしまい」というようなあきらめられがちなイメージがある。でも二十四時間介護サービスをするなかで、楽しく過ごせるようにできるんじゃないかと思ったんです。昼間はおだやかなのに夜はすごく不安になってどうしようもないという人もいて、変化があるというのもわかった。「この仕事はすばらしい仕事やな。人の人生を支えさせてもらっているんやな。僕らの仕事一つでその人の人生がすごく左右される大切な仕事」だと思った。この仕事に対して、もっと頑張らなければと思ったきっかけですね。自分の思うところの介護をやりたいとも思い、いつかは実現すると決めて、三十歳の節目でやろうと特養での約九年を経て、昨年、小規模のデイサービスを開業しました。

ここには職員の子どもも来ています。お互いに触れ合う機会があればいいかなと思って。幼稚園の送迎バスが事業所の前に停まりバスから降りてくる子もいます。その送迎風景を楽しみにしている利用者もいます。

ご自身のことは置いておいて、「子どもが心配」という人もいますね。レクリエーションをしない人が、子どもがいると「したい」という人も。お互いにいい潤滑油になっています。

●大工を経て介護業界に転職。趣味のサーフィンが介護技術の一つである「重心移動」に役立つ。特養の現場で介護の仕事のすばらしさに気づき、目標に掲げた30歳での起業を実現。介護福祉士。管理者。

准看護師……→不動産会社事務員……→ホームヘルパー

介護は、自分が優しい人になるための修行の場でもあるのです

山岸ゆい子（59歳）
軽井沢町社会福祉協議会
（長野県軽井沢町）

私が介護職に就いたのは、三十九歳のときです。町の広報誌で社会福祉協議会のヘルパーの募集を見たのがきっかけでした。当時、私は地元の不動産会社で事務の仕事をしていましたが、シングルマザーだったので、子どものために収入の安定した仕事に就きたいと願っていたのです。幸い、私は軽井沢生まれ。結婚前は、病院で准看護師をしていました。その経歴もあって、社協から誘われました。地方の高齢者は、知らない人を家にたやすくは入れてくれません。地元出身ということが功を奏したのかなと思います。以来、どっぷりこの仕事にはまってしまいました。

Numéro 31

十年ほど前に、私は再婚しました。その夫とはホームヘルパーとして、彼のお母さんのもとへ行っていたことが、出会いのきっかけ。彼は十六歳年上で独身。娘に「結婚しちゃえば」と背中をどんと押され、四十九歳のときに再婚しました。

こんなふうに私の人生は、介護の仕事と共に予想外な展開をしてきました。人生ばかりではなく、この仕事をすることで自分も成長してきたかな、と思います。たとえば、高齢の方には優しく話さねばと思い、そうしているうちにいつの間にか身につき、気持ちのほうも優しくなっていくというような。少なくとも、優しくこちらが向き合うと、相手からも優しさをもらえます。人に優しくないと、人から優しさももらえない、そう思うようになりました。特に記憶がおぼつかなくなった高齢の方は、声とか話し方が優しい感じだったという感覚は残ります。一瞬、一瞬が、勝負。その一瞬に勝負をかけ、相手に「不快」ではなく「快」を残すこと、どうしたら「快」の時間を提供できるか、そのことに幾度となくチャレンジできる。つまり、日々「人に優しく接する自分になるトレーニング」をして、人は成長していけるのだと思うのです。

軽井沢町は、広大な別荘地を抱えた特殊な町で、年々、高齢の移住者が増えています。一万九千人ぐらいだった町の人口も二万人を超えました。私は介護保険制度と共にこの町の介護事業が変化していくさまを見続けることになったのです。

● シングルマザーとして奮戦中にホームヘルパーとして支えた利用者の方の息子さんと再婚。現在、社会福祉協議会の訪問介護係長。

遺跡発掘調査員……→介護職

介護はお互いが幸せになる仕事。気持ちよく一日が終われたらいい

冨田裕久（45歳）
グループホーム　高津くぬぎ園
（神奈川県川崎市）

遺跡発掘調査などの仕事をしていたのですが、三十四、五歳くらいのときに、今後なにをしていこうかと悩みました。定年後でも働ける仕事。相手を出し抜いたり、傷つけたりするような仕事ではなく、お互いが幸せになるような仕事。法律関係の仕事に就こうと決め、貯金で二年間学校に通いました。結婚していたのですが、共働きだったのもあって奥さんも「納得がいくように」と後押ししてくれたのです。法律の学校に通いながら、宅建の資格も取得しました。だけどうまくいかず、違う道もあるんじゃないかと考えはじめました。

その頃、虐待や餓死、介護疲れで無理心中などのニュースを見て、なんとかで

Numéro 32

きないものか、と突き動かされたのです。法律の勉強もしていたので、役に立てることもあるんじゃないか、と介護の学校に通いました。

就職を決めるとき、離職率の高いところを聞いたら「老健」だと言われたんです。「だけど医療的なことも含め、いろいろ学べる」と。経験を積みたかったので、就職先は老健にこだわり、自力で見つけました。そこは、百二十人弱の入居者さんがいて、私のフロアは六十人。日中は約八名で介護にあたり、スケジュールも分単位。目指す介護とは違うと思い一年くらいで退職しました。

その後紹介で「高津くぬぎ園」に入社したんです。入居者さんやご家族の気持ちを考えて介護をするのとしないのでは全然違うということを知りました。

ホーム長や先輩方のケアの仕方は、とても勉強になります。最初はどう接していいか戸惑いましたが、自分に置き換えたらと考えて声をかけるようにしました。効果的だと感じたのは、職員が笑うことなんですよね。入居者さんと笑う、ということはお互いの心をとかします。入居者さんの笑顔を引き出していくように心がけています。お互いがいい気持ちで一日が終われたらと、常に思っていますね。

介護職について二年なのですが、将来は、介護職と利用者さんの間に立つ在宅介護の事業所をつくりたい。いろいろ経験を積んで幸せの共存ができるような介護を目指したいと思います。

● 高卒後、実家の小売店を手伝ったり、遺跡発掘調査の仕事など、さまざまな職業を経たのち介護の仕事に就く。将来は、行政や法律の情報を適切に活かした訪問介護の事業所を開くのが夢。

タイピスト……→社長秘書
……→コミュニケーションインストラクター兼ホームヘルパー

「人間力」がアップして人生が豊かになる仕事です

小泉美智子（58歳）
やさしい手大橋サービス
（東京都品川区）

いとこが親の介護をしているのを目の当たりにしたとき、私にできるか全然自信がありませんでした。でも、「自信のない自分ってなんなの？　人として、それはどうなの？」とも思っていました。

今の私と同じ登録型紹介会社でヘルパーの仕事をしている友人から、キラキラした目で、「こんなに人から、ありがとうって言ってもらえる仕事はないわよ」と言われ、そんなに役に立てる仕事なら一度やってみようと思っていたら、新聞で短期間でホームヘルパー二級を取得できる学校を見つけました。五十二歳のときです。

Numéro 33

資格取得後は、すぐに自費ホームヘルパーの仕事に飛び込みました。登録型で働くメリットは、効率のよさです。介護保険を利用した訪問介護では、移動の時間は給料にカウントされませんが、登録型では、一回の勤務時間が長いので移動時間のロスが少ないのです。私は介護の仕事のほかにコミュニケーションのインストラクターとして講演や講座をしているので、平日を有効に使えるなど、時間の調整のしやすさもあります。

介護の仕事は、「人」が相手ですので、コミュニケーション（関係性）を大切にしています。お客様との信頼関係ができると、お客様から協力してもらえることが増え、すごく助けられています。また、人が生きることに寄り添う仕事なので、人間力を上げる勉強になりますし、社会ともつながれるので、人生が豊かになります。

仕事をするにあたっては、自分も相手も大切にしたいと思っています。核家族になり、人の死を目の当たりにする機会が減ってしまいましたが、そのなかで生きることの大切さや、いかに生きるかを学ぶことができます。

集約すると、「人間力」が磨かれます。自分がこの場所にいるだけで、人生観が変わってくるのではないかと思っています。そういう経験ができる仕事ってなかなかないし、ましてや人として当たり前のことをしているだけですよね。介護って。

● キャリアウーマンと子育てを両立し、いつしか福祉関係の仕事に就きたいと模索。自費ホームヘルパーに。親業訓練協会インストラクター。介護福祉士。

短大新卒……▼ずっと介護職

ボクの人生のドラマがすべてここにある、と思える仕事です

香月 浩（42歳）
特別養護老人ホーム 太陽の郷
（福岡県飯塚市）

九州の筑豊地域、田川の小さな集落で生まれ育ちました。ここがかつて日本の大産炭地だったとか、炭鉱閉山の頃に大争議があったとか、そんな実感はありません。でも自分としては、ここの田舎っぽさのなかにある男っぽさ、そういうところが好きです。高校を出て進学した北九州市の短大まで車で四十分かけて通っていました。専攻は情報処理。難しくて、二年間の短大の勉強ではパソコンも身につかなくて。就活は頑張ったけれど、自分たちは戦後の第二次ベビーブーム世代。「団塊ジュニア」で、超のつく就職氷河期でしたから、全然うまくいかなかったんです。どうしようかと思っていたとき、高校時代にアルバイトして

Numéro 34

いた会社の社長さんが、「知り合いが特養を立ち上げるから」と紹介してくれたのです。それで、二十二年前の開設時からここで働きはじめました。当時の理事長は、身だしなみにはじまって、一般的な社会ルールというか、そういうことには、特に厳しかった。

仕事は、最初はびっくりしました。特に排せつ介助はねえ。二十歳の自分には、ぼう然でした。でも、仕事ですからそれをやらない選択肢はないわけで、いつの間にか慣れて、ふつうのことになってしまいました。仕事ってそういうものなのだと思います。すごいです。ここの職場では、四組のカップルが誕生しているのですが、僕らが第一号。結婚したのは二十六歳のときで、妻も開設当時からの仲間です。子どもが生まれるまで、ここで働いていました。

辞めたいと思ったことはありました。でも、「辞めたい」にまではいっても、その先にまではいかんかった。特に、自分の失敗で利用者さんにけがをさせちゃったことがあって、すごくへたってしまい、自信を失うことがあったんです。結局は、周りのスタッフが支えてくれて続けることができました。そのときに、いろんなことがあっても「七転び八起き」。あきらめないで立ち上がって、仕事を続けよう、ここのスタッフの一人でい続けようという覚悟を持ったのです。

● 短大で情報処理を専攻するも就職氷河期世代。心ならずも働くことになった介護施設で人生が展開。介護フェスタのケアコンテストで地区優勝。

病院・長期療養型病棟……→特養介護職

介護でなければ出会えない人との会話がすばらしい経験になります

星 美咲（25歳）
特別養護老人ホーム サニーポート小名浜
（福島県いわき市）

長期療養型病棟のある病院への就職が決まり、高校卒業を前に、ホームヘルパー二級の週末講座に通って就職への準備をしました。講習では、介助方法などの実習もありました。でも、健常者を相手にした講習と、実際に患者さんを相手にしたときとでは全然違います。相手によって移乗の仕方、やりやすい方法も変わってくるんです。だから最初は戸惑いもあり、患者さんの体位交換もどう触れたらいいのかがわからなくて。コミュニケーションでも最初はなにを話したらいいのか……。でも周りが見えてくるようになると、本当に少しずつですけど、こうしようという思いが出てくるようになってきました。

Numéro 35

今も忘れられない思い出があります。患者さんのなかに、ろうあ者の方がいらっしゃったんです。その方とも話してみたいと思い、とりあえずトライしてみようと本を見て独学で覚えた手話で話しかけたら本当に喜んでくれて。簡単な挨拶でしたけれども、話が通じたときは周りがパーッと明るくなるのを感じました。

喜んでくれたのが本当にうれしくて、ほんの些細なことでもコミュニケーションが大切だというのを強く実感しました。手話を覚える前は、その方と話す機会はありませんでしたが、それ以降は、簡単な会話ですけど手話で話すようになり、距離も縮まったと思います。コミュニケーションは量ではなく、ほんの少しのきっかけで大きく変わるんです。夜勤でも終わった後の達成感だったり、行事などで入居者さんに喜んでもらえたり、「ありがとう」って言ってもらえるのは純粋にうれしいです。この仕事は、周りの人からも、大変な仕事、つらい仕事、と言われることも多いですが、やりがいが大きいことを知ってもらいたいです。

介護の仕事にしかないやりがいもありますし、ほかの仕事では絶対に接することができない入居者さんたちの話を聞くことができるなど、そこにはおもしろさもあります。話の内容もそうですし、介護でなければ身近に接することができなかった人たちと出会い、関われることができるという環境がすごいです。

● 洋菓子づくりが好きで食品を学ぶ高校に。食品業界への就職先がなく、部活での老人ホーム訪問などの経験から介護職に。在学中にホームヘルパー2級を取得。介護福祉士。

半導体開発……→ボランティア活動……→介護職

自分が心を開けば相手も心を開く、そんな当たり前のことに気づける場所です

落合 孝（47歳）
小規模多機能型居宅介護　ノテ深沢
（東京都世田谷区）

Numéro 36

大学卒業後、半導体の開発に二十年携わりました。時代もあったと思いますが、この仕事は、とにかくとめどない。体をこわして辞めました。二〇一一年、東日本大震災直後のことです。しばらくボランティア活動をしていたのですが、再就職を考えはじめた頃、道を走っている車に「〇〇デイサービス」というのがあるのを発見。この運転手ならできるかなと。ただデイサービスとはなにかということもまったく知りませんでした。

採用担当者に年齢を尋ねられて答えると、「若すぎる」と言われるんです。「この歳で若すぎるってどういうことなんだ？」と思いました。それでも、二〇一二

年十一月に川崎のデイサービスに就職。このときは資格がなかったので、デイの送迎とレクリエーションを担当。体操などをやるんですが、僕に視線が集中するんですよ。じーっと部屋に閉じこもって半導体をつくっているときには考えられない状況でして……。しかも会社にいた頃は、注目されるのはプレゼンのときくらいだから、刺すような視線しか感じなかったのに、デイで体操している僕にはみんな好奇心いっぱいな目を向けている。実に新鮮だし、素直に「楽しい！」と思いました。

それで上司に相談し、ホームヘルパー二級の資格を取りました。職業能力開発センターで実務者研修のコースも受講し、介護福祉士の資格取得後、福祉の仕事の相談会に行ってみると、ある事業所の方が「君は小規模多機能型居宅介護が向いているよ」と言うんです。なんとなくその話を信じて探していたときに、ここの事業所を見つけたんです。実際に働きはじめると、この仕事は生活力があって、現場で臨機応変に対応できる人じゃないと務まらないなって、感じました。

会社員時代と、職場環境は天と地くらいの差がありますが、地域の雰囲気もいいし、僕自身、気持ちよく仕事ができています。こんなふうに人に話すなんて以前には考えられなかったこと。会社ではもちろん、家族ともほとんど話しませんでしたし、自分で殻をつくって閉じこもっていました。それが、ここではお年寄

● 会社員として半導体開発に携わる。退職後、震災ボランティアで、人と関わる仕事に興味を持ち、この世界へ。

りやご家族の方、スタッフともお話しできるようになり、それだけでなく、自分の気持ちとか思いを伝えることもできるようになった。不思議なもので、自分が心を開いて話をすると、相手も心を開いてくれるものですね。利用者の方もいろいろ声をかけてくれて、うれしいんですよ。楽しいんです。

前職と比べれば、賃金という面では及びませんが、健康になりましたし、高二の生意気盛りの息子にも傾聴という面で役立っています。とりあえず黙って聞くので、息子も僕にはよく話をしてくれます。

高齢者の施設にいて、死について考えることが増えました。都会にいると、死を遠ざけて特別のもののようにとらえてしまうけれど、もっと死を遠ざけずに、高齢者たちの心に寄り添っていられるような、そういう立場でいられたらと思っています。これは僕自身の目標でもありますね。

★久田恵の眼

思いもかけなかった仕事との遭遇で「新しい自分」を発見していく、それこそが人生のおもしろさと醍醐味ですね。

高校中退……→フリーター……→未婚の母……→介護職

私にもいい人間関係をつくれるんだと思わせてくれた仕事です

山本奈美（26歳）
グループホーム　やちよ
（北海道室蘭市）

私は高校中退娘で、十七歳からずっとフリーター。しかも十九歳で子どもを産んだ未婚の母でした。両親は離婚していたので、子どもを産んだ後は、一人で仕事をかけ持ちしながら育てていました。でも、ずっと働いてきて、なんか息切れがしてきちゃって、それでハローワークに行き、六か月間の講座に通ってホームヘルパー一級の資格を取ろう、と思ったのです。母子家庭には、資格取得の勉強をしている間、日当が出るのです。半年はゆっくりできるかなあ、資格があれば、一人で子どもを育てていけるかなあ、そう思っただけで介護の仕事その

●両親が離婚、十代で未婚の母となり子育てをするが、出会った職場の家族のような温かさに癒され、励まされて人生で一番いいときを迎える。

Numéro 37

ものがどうのとは、私はまったく考えていなかったのです。

けれど、講座の三日間の実習でこのグループホームに来て、なぜなのか理由はわからないのですが、私にはとても居心地がよかったのです。入居されている方たちがすごくあったかくて、笑顔で迎えてくれて、ホーム長さんがいつも熱く語っていて。この仕事、私に合っている、そう思ったのです。

介護の仕事に就いた五年前と今とでは、仕事に対する気持ちが大きく変わりました。初めの頃は、業務という感じでただ必死でやっていたのですが、こちらが介護をしているというより、入居されている方に「自分が相手をしてもらっている」という感じにどんどんなってきて、「一緒に暮らしている私たち」みたいな気持ちへと変化していったんです。ここにいる皆さんが元気に笑っている瞬間がとても大事で、いつも「私もそこに混ぜてよ〜」という気持ちでいます。

介護職になる前は、ドーナツ屋や居酒屋チェーンなどで働いていました。そこは効率よく動いて、時間と数字で利益を上げて、接客サービスもマニュアルどおりというふうでした。若い私は、それが仕事と思いスタッフ同士で協力し利益を上げるよう努力を重ね、そこからたくさん学びましたが、同じ接客サービスでも介護の世界は違いました。

あったかい笑顔で、あったかい感じに人をつなげていくというのが、すごくいいなと思います。そのためには、人と人との関わりの瞬間、瞬間を考えながらやるということが大事だな、と。なぜこうなるのか、なぜこうなったのかというように、「なぜ？」ということを常に考えながらやる仕事ですから、そっちのほうが私には向いている、そっちのほうが好きというように、いつの間にか自分の仕事観が変わっていったのです。

介護の仕事は、世間では大変そうなイメージがあるけれど、私には「第二の私の家」という場所。保育園がすぐそばにあって、子どもと一緒に通ってこられるんです。安心して子育てもできました。

私は、昨年の三月に結婚しましたが、仕事も楽しく、好きな人とも暮らせて、大事な子どももそばにいて、充足しています。いい人間関係をつくっていくということはこの私にもできるのだ、と思うようになれたのは、この場所のおかげです。

この場所があったから、私は私の人生の危機を突破できたのです。

★久田恵の眼

あえて人生の逆風に向かって突き進める強さを持った人、山本さん。強くなければ、他者に優しくはなれません。介護現場ではなく「私が相手をしてもらっている」という立場で向き合える人に初めて会った気がします。

久田恵の眼

究極の体験

私には、母の在宅介護十年、という経歴がある。その後の父の介護も含めると通算二十年くらい。母子家庭で働きながらだったし、はじまったのはまだ三十代だったし、よくやったとは思う。

よくやったとは思うが、悲しいかな。介護って、頑張れば頑張るほど頑張れない自分に出会ってしまう。相手の気持ちを察しなければ、と思えば思うほど、優しくない自分と遭遇してしまう。おかげで今もときどき、「介護後遺症」に襲われる。

そんな折に思い出すのが、東京・三鷹で「自分の死を考える集い」を主宰する醤野良子さんの話。特に看護師にしてケアマネジャーの彼女が受けた寝たきり体験研修のこと。

「この研修ではね、紙おむつをして、体にいろいろ装具をつけて寝るの。点滴を外さないように、あなたもこうやって患者さんの手足を縛ったでしょう？ なんて言われて、ベッドの柵に手を縛りつけられる。息ははぁはぁ、心臓はバクバク。

のどが渇いたでしょうと、吸い飲みを口のなかにぐいぐい入れられ、寝たままで排尿するの。さらに栄養チューブは鼻から胃まで五十五センチもあって、オエッ。鼻から出ているチューブの先は高栄養ミルクに接続されていて、つばも飲み込めず、のどの違和感が苦痛で、その状態を延々続けるって大変に苦しいことなのですよ」

そんな話を聞きながら、技量のない私に痰の吸引をされたり、ベッドからの移動で共に転げ落ちたり、ショートステイで褥瘡になって、その後延々治療に悪戦苦闘したり、の母のことが思い出された。

介護保険制度がはじまった年に逝ってしまった母だけれど、私なんぞに介護されて、介護される母こそが大変だったのだと思う。この介護体験で教えられたのは、確かな知識と技術を持ったプロの介護職に安心して身を預けられることのかけがえのなさ。

体験しなければわからないことが、人生にはあまりに多い。

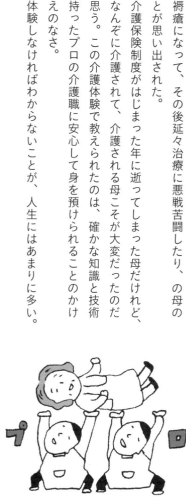

知りたい！
まめ知識 3

「認知症」って知ってます？

この本を読んでいただいている方なら、知らない人はいないでしょう。ところが——。とあるもの知りな知人と話していると「痴呆症じゃなくて、ええと」と口ごもっているではありませんか。そう、身近に認知症の人がいなければ、案外そんなものなのかもしれません。

さて、認知症とは、いろいろな原因で脳の細胞が死んでしまったり、働きが悪くなったためにさまざまな障害が起こり、生活する上で支障が出ている状態（およそ6か月以上継続）を指します。

けれども、ある日突然認知症になるわけではありません。少しずつ記憶があいまいになったり、幻聴や幻覚が起こる場合もあります。もし、自分に起こったら？　そんな自分が不安になったりしないでしょうか？　身近な家族がなったら？　苛立って感情をぶつけてしまうかもしれません。認知症の細かい知識はともかく、一番大事なことは、認知症であっても尊厳ある人間であること。深い知識を持つ介護職の援助の仕方次第で、認知症の方も、その家族も救われるのです。

石川未紀（社会福祉士）

ミニケアホームきみさんち　**林田俊弘さんのコメント**

私が「認知症状態にある方」と、あえて言い続けるのは、その人のすべてが認知症なわけではないからです。そのときどきの状況や環境、過去の記憶が明確ではないだけで、本質的には人間として逸脱しているわけではないのです。周りの環境が整わない、もしくは自分が適応する能力が奪われているから浮いて見えているだけです。

4

起業チャンスが無限大です

日本はすでに「超高齢社会」です。

さらにこの高齢化は進み、二〇三五年には、総人口に占める高齢者の割合が三三・四パーセント、「三人に一人が高齢者」になると推計されています。

二十年後には、あらゆる仕事が介護につながると予想されています。

つまり、若い世代がこれから担うことになるのは、そういう社会だということです。

大きな時代の層を形成する高齢者のニーズをつかみ、新しい視点とアイデアで起業していくのは、今が好機です。時代の趨勢と未来を見据え、介護について学び、考え、体験し、これからの介護のあり方を模索することは、若い世代が人生を切り開いていくために、欠かせないことなのです。

大手企業研究職……→起業……→義父母介護……→介護タクシー起業

介護タクシーの仕事を通してみんなに「道」をつくってあげたいと思う

三橋興司（65歳）
スリーシー　介護タクシー
（東京都港区）

大学卒業後は、大手企業に就職、三十歳で退職して、有限会社スリーシーという自動販売機企画の会社を立ち上げました。その後、関連会社のスリーシーサービスも立ち上げ、特許を取り、会社の経営は順調で充実した日々を過ごしておりました。ところが僕が五十歳の頃、義母が脳梗塞で倒れたんです。実の娘だと女同士でうまくいかないと、僕が介護することに。僕は、なんでもオールマイティーにできないと気がすまないタイプ。二男と三男にそれぞれの会社を一つずつ継いでもらい、ホームヘルパー二級の資格を取って、僕は義母の介護に専

Numéro 38

念しました。しばらくして、義父も認知症になり、義父母の介護を十五年。最善の努力は尽くせたかなと思っています。

実は、僕が介護中に、サラリーマン時代の部下に「これからは介護の仕事がいいと思う」とアドバイスして、介護タクシーの会社を紹介したんです。その後輩が、僕の義父母が亡くなったことを知って「介護タクシーをやろう」と誘ってきたんです。それで、「やるからには、みんなとはライバルだ」と宣言して僕は一人で立ち上げました。僕のところは、基本的に迎車代と予約料以外はメーター料金だけ。料金もホームページで明記しています。

ホームページと口コミで、おかげさまで今ではさばききれないくらい依頼をいただいています。外国人の方の依頼も増えています。僕は介護経験も長かったので、介護する人もくたびれないようにね、という僕のアドバイスをみんな聞いてくれるんです。介護する人がくたびれていたら、介護される人もつらいでしょう。

一度、乗せているときに亡くなった方がいるんです。乗るときはもう危ない状態でしたが、「なにがあってもいいから、三橋さんの車で行きたい」と言ってね。いよいよのとき、救急車を呼んで心臓マッサージをしました。後日、家族の方がご挨拶にいらしてくれて、「よく最期のときがわかりましたね」と言われました。僕は両方の両親の死に目に会っているんです。だから、なんとなくわかるんです

● 事業で成功を収めるもおごることなく、感謝の気持ちで奉仕。家族が迎えにきたという雰囲気を大切にしたいからと、仕事中も介護服は着ない。

よ。そして、こういうことも僕に課せられた使命なんだなと感じた出来事でした。

今は、若い人のがん患者さんも増えています。ターミナルケアで思い出の場所にお連れすることもあります。体が動かなくなるとあきらめてしまうことも多いでしょう。でも、それであきらめてほしくないんです。

僕は、この介護タクシーの仕事を通して、「道」をつくってあげたいなと思っているんです。あきらめるんじゃなくて、まだ、いろんなところに行けるし、見られるし、たくさん体験できるということを知ってほしいと思っています。

今の自分があるのは、みんなのおかげだと思っているので、僕や家族だけがよければいいとは思いません。夜中の依頼、緊急の依頼、遠方への依頼などで、お酒も飲めませんし、ほとんど休みなく働いていますが、つらいとは思っていません。

唯一のお休みは、大好きな浅草三社祭の三日間。このときだけは、お休みしてお酒もいただくんですよ。

★久田恵の眼

三橋さんの使命感には脱帽です。力量のある人でなければできないことをやすやすとやれてしまう人。その能力をいかんなく、誰にも抑え込まれず自由に発揮できるのが、介護という世界でもあるのだと思います。

美容師……→訪問美容起業

「してもらっている」のではなく、主体的におしゃれを楽しんでほしい

湯浅一也（30歳）
un.
（東京都港区）

美容師に憧れ、地元・札幌の美容専門学校へ行きました。そこで、どんな美容院をつくりたいかという課題が出されたんです。僕は、訪問美容のことを知っていたので、それを一歩発展させた移動式美容室を考えました。でも、あの当時はまだ漠然とした夢でした。

まずは東京へ出て修業を積もうと、原宿の美容院で五年働きました。流行の最先端を行く場所でやりたかったんです。お客様との会話のなかで、お客さんのおばあちゃんが刈り上げにされたとか、美容院へ行けなくて困っているとか、そん

● 東京・原宿で美容師としての修業を積んだ後、株式会社un.起業。福祉の美容ではなく、一流のおしゃれを楽しめる「訪問美容」へシフトしたいと日々奮闘中。

Numéro 39

な声が結構あったんです。五年が経ったとき、勤めていた美容院が閉店になることになり、今が学生時代の夢を形にするチャンスと起業する決心をしました。

東京の美容学校がやっている美容福祉師の資格を取り、介護の勉強会に参加しながら、経営についても研究しました。介護の知識を深めるために、勉強会にも積極的に参加しました。知識だけでなく現場の状況もわかり、人脈も広がりました。起業してから六年。百三十施設と契約をいただいています。

僕たちのum.の最大の特徴は、美容院のサービスをそのまま訪問でも提供するということです。会社の理念は「あたりまえのことをあたりまえに　新たなあたりまえをかたちに」です。

鏡などもセッティングし、空間から美容院のようにしつらえます。シャンプー台も持参して、美容院と同じように髪を洗っていただけます。僕たちは、ふつうに美容代金もいただきますし、福祉利用ではないというのも特徴の一つです。

髪をきれいにセットして、人と会いたい、出かけたい、そういう欲をわかせるためのサポートをしたいんです。施設などにおじゃまして髪を切っていると、施設の方にもご家族様にも言わないことを僕たちにはお話ししてくださる。そういう空間があるということも高齢者の方にとっては大事なことだと思っています。しかも、お客様として、言える。これも大事なんです。

僕は、団塊世代の方々に必要とされる美容師になるには、お客様の多様なニーズに応えられる技術やセンスがより大切になってくると思っています。だから、介護っぽくしたくない。スタッフは福祉美容の資格を持っていますが、その知識は活かしても、美容師としてのパフォーマンスを最大限に活かすように伝えています。間違っても赤ちゃん言葉を使わないとかね。

僕自身、訪問美容で印象に残っているのは、亡くなる前日にうかがった方です。ご家族が見守るなか、寝たきりのまま髪を切りました。意識もはっきりはしていなかったのですが、切り終えて、ふと笑顔になって。ほんの一瞬ですが、僕の記憶に深く刻まれています。亡くなった後の髪をきれいにセットしたこともあります。だから、亡くなった後まで携われる稀有な仕事でもあるんですね。

今年、初任者研修を取りました。これまでもよく介護の研修会に行っていたのですが、知識が体系化されてよかったと思います。

★久田恵の眼

高齢者は「社会的な弱者」として扱われていました。でも、今やエイジレスな時代。年齢にかかわらず、誰もが自由に個性を発揮できてこその人生。若い世代が介護の価値観を大きく変えていってくれていると実感します。

大手介護施設長……▼医療・介護専門ライフコンサルタント

介護職がステータスとなる時代はくる。僕はその手本となりたいんです

木村 誠（33歳）
全国認知症ケア実践者ネットワークＬｉｎｋ『チーム天晴れ』
（東京都練馬区）

新卒で大手有料老人ホームに介護職員として入社しました。二年半後、会社が新しくつくる有料老人ホームに異動になり、副主任として立ち上げから参加しました。数年後には施設長として施設の大改造にも取り組みました。

施設大改造のさなか、認知症の知識を広めるキャラバンメイト（認知症サポーター養成講座の講師）の資格を取り、外部の人に向けて認知症サポーター養成講座の講師としての活動もはじめました。認知症サポーターとは、認知症を理解し、認知症の人や家族を見守る人のことです。

二〇二五年問題と言われていますが、その頃は認知症の人が爆発的に増えるの

Numéro 40

に介護職員は圧倒的に足りない状況です。これからは地域全体で認知症に取り組まなくてはならない時代になってきていると切実に感じます。

認知症サポーター養成講座で市民の方とお話しすると「介護とお金」に関する相談が多く寄せられます。無知が苦しい状況をまねいていると痛感します。そのような状況を見るにつけ、介護に直面する前から「介護とお金」について正しい知識を身につけておくことが大切だと思いました。

僕は自分が培ってきたネットワークをつないで、行政とは別のアプローチで介護やお金の問題を抱えた人たちを助けることができればとの思いで、医療・介護専門ライフコンサルタントとして二〇一六年に独立しました。

二〇〇六年、京都で認知症の母親の介護で生活苦に陥った息子が、母親を同意のもと殺害し、自分も自殺を図ったが生き残ったという悲しい事件がありました。行政以外のつながりや知識が息子さん本人や周りの人たちにあればと胸が痛み、「介護とお金」の正しい知識を広めることで介護心中をなくしたいと思いました。

今後、介護職に就いたことがステータスになる時代がくると思うのです。まずは僕が仕事で成果を出し、後輩たちの手本になりたい。そして、自分と同じ志を持った人たちを増やし、ネットワークをつなげ、医療介護専門ライフコンサルタントとして新しい道を切り開いていきたいと思っています。

● 大学へ進学するも、祖母がアルツハイマー型の認知症を患ったことから介護の道へ。大手介護施設長から医療・介護ライフコンサルタントとして独立。介護福祉士、ファイナンシャルプランニング技能士。

先物取引営業……→コンサルティングファーム……→有料老人ホーム入居相談員……→有料老人ホーム紹介センター起業

入居相談員の経験を活かして独立。世界一おせっかいな会社をつくりたい

西村 健（36歳）
SAN
（神奈川県横浜市）

大学を卒業して就職した先が、先物取引の営業でした。この会社が体育会系の超スパルタ。萎縮して自分の意見を言うことができませんでした。次に経営コンサルタントの会社に転職しました。周りが皆優秀で、常に自分は溺れているような状態で。ここでも仕事のおもしろさをまったく感じられなかったのです。結局、そこも辞めるとなったとき、上司に「西村さんは社会的に立場の弱い人に対する仕事が絶対に合っている」と言われました。その一言が僕の人生を決めたというか。そこで大手の有料老人ホームの入居相談員として再就職しました。二〇〇九年当時はホームの広告を出すと、何百件と入居の問い合わせがきた時

Numéro 41

代。ご家族は入居させる際、自宅から近いかとか、ホームの建物がきれいかなど不動産的な見方をしがちなんですね。それは入居される方を一番に考えていない発想で、本質からずれています。まずは入居される方の体の状態に合わせて、医療や生活面を考慮し、その方に一番合ったホームを探すこと。その方のライフストーリーを奥底まで探っていかないと本当に求めているものがわからない。ホームの決め手は、シンプルですが、入居者様の笑顔ですね。どんなに経年劣化しているホームでも入居者様が笑顔だと、いいサービスをしていると思います。そこで働いているスタッフも笑顔が絶えません。

会社が吸収合併されることになり、思い切って独立することにしました。なぜ老人ホーム紹介センターの会社をはじめたかというと、独立した第三者機関として、その人に一番最適なホームを見つけてあげたいとの思いからです。重い介護の方には開設間もないホームより開設十年以上の経験豊かなホームなど、ご依頼者様の状況に合ったホームの紹介を心がけています。

ホームって砂の城と言われているんですね。一か月前に行ったときと今はまったく違うということもあるわけなのです。ですから、ご依頼者の方とは必ず一緒にホームを見て回り、一緒に考える。僕は世界一おせっかいな会社をつくっていきたいと思っています。

● 大学卒業後に勤めた会社が合わず、大手有料老人ホームの入居相談員に転職。その後独立し、老人ホーム紹介センターを起業。株式会社SAN代表取締役。

OL……→義母の介護……→介護職……→デイサービス起業

共に祈り、生活する場をつくりたい「夢見るおばあ」の夢は、終わらない

小笠原耐子（72歳）
机デイ・サービス　恵福の家
（長野県富士見町）

六十七歳のときに八ヶ岳のふもとの町で、デイサービスをはじめました。私の夢は「高齢者の方と一緒に祈り、生活する場をつくること」なんです。

私はバリバリと働くOLだったのですが、友人に誘われて出かけたキリスト教の集会で、突然信仰に目覚めてしまいました。人はいかに神に生かされているのか――回心したんです。そしてパーキンソン病を患う義母の介護にも本腰を入れるようになったのですが、三年後に義母を天に送ると、心にぽっかりと穴が空いたようになってしまいました。それまで介護の世界にあまり関心のなかった私ですが、人生の終末期を共に祈り、生活する場＝介護施設をつくりたいという思い

Numéro 42

を強くするようになっていったのです。

福祉専門学校に入学し、社会福祉主事任用資格を取得して卒業。経験も必要と、地元の介護施設でパートをはじめ、その後、介護福祉士やケアマネの資格も取得しました。そして、たまたま「田舎暮らし」を紹介する雑誌で、いい土地が紹介されていたのをきっかけに、一気に二千五百坪の土地付き中古住宅を購入。六十七歳で念願のデイサービス「恵福の家」をオープンしました。

横須賀から富士見町へ引っ越しを決めたとき、夫は「いいよ」とは言いませんでしたが、特に反対もしなかったので、結果オーライなのでしょうか。今は週三回、デイサービスの管理者として運営を助けてくれています。自給自足とまではいきませんが、自分たちが育てた作物でご利用者様のお食事もつくっています。自然のなかで暮らしている実感はありますね。

ご利用者様には、ご本人の「やりたい」気持ちを第一に、寄り添っていかれたらと思っています。そして、私はまだ「老人ホームをつくる」という夢をあきらめてはいません。今、建っている家の下に三百坪の平らな土地があるのですが、そこから富士山がきれいに見えるんです。そこにホームを建てて、高齢者の方と一緒に生活する場をつくりたい。私はよく、「夢見るおばあ」って言われます。でもこの夢は絶対に、「夢ではなくて、実現させるぞ」と思っているんです。

● 高給取りOLが回心し、介護施設づくりを目指す。八ヶ岳山麓の町で、「高齢者と共に祈り、生活する場」の実現に奔走する。生活相談員、ケアマネジャー。

鍼灸師……→会社員……→那須移住……→デイサービス起業

移住先で介護施設を起業。人生の転機は何歳になっても訪れます

山本照代（68歳）
生活機能訓練センター・デイサービス　ゆうり
（栃木県那須塩原市）

東京生まれの東京育ち。私は、八年前、六十歳で、生まれて初めて区役所へ行って住民票を那須に移して、人生を変えた移住者です。きっかけは、会社が那須に持っていた工場が廃業になり、残された従業員の職場をつくるためデイサービスを立ち上げるよう言われたこと。

そのとき、都会の高層マンションに住んでいて、自然への憧れがあった私は、思わず那須に家を買っちゃったんです。

まず夫が先に那須に来て、私は新幹線通勤していたんです。いずれ夫と悠々自適の那須暮らしを夢見て。ところが、一年半で夫が急逝。彼の遺骨を置いたまま

で東京には帰れないと私は会社を退職してしまいました。寒いし、つらいし、冬の二か月間、私は泣いていました。そして、二〇一四年のお彼岸に遺骨を那須のお寺のお墓に入れ、私は那須で頑張る、そう決めたんです。そんな頃、車で走っていて、「家を貸します」の看板を見ました。すぐに不動産屋さんに電話をしました。大家さんが南那須で福祉農場をやっている方で、私がデイサービスをやると言ったら、とても安い賃料で貸してもらえたのです。

家は一軒家で広い座敷が四つあります。すてきな襖絵もあって、皆さんがとても喜んでくれています。家の周りの畑も借りて、利用者の皆さんから野菜づくりを教わりつつ、食材づくりをしています。必ず畑から野菜をとってきて食事を手づくりするんです。

でも、ここは冬が大変、山の奥に住んでいる方を迎えに行ったら、雪ですべってアクセル全開しても途中で下がっちゃう。ブレーキをかけてもハンドルがきかない。怖さのあまり涙が出たってことは初めてでした。つまり、そういうところに住んでいるってこと。でも、そういうところだからカタクリの花が咲いたり、おいしいタケノコが出てきたり、地域の人に支えられて運営しているのを心から実感できる場所なのです。

● 仕事で派遣された那須の自然に魅せられ移住。夫を亡くした喪失感からデイサービスの立ち上げで再起を図る。

不動産鑑定事務所……→総合介護ビジネス起業

ミライ塾は新聞奨学生の介護版。介護経験は、社会に出てからの力となる

奥平幹也（44歳）
介護コネクション
（東京都練馬区）

大学進学のため上京し、新聞奨学生として大学生活をスタートさせました。卒業後は不動産鑑定事務所に入社しました。入社五年目頃から主に介護施設の不動産に投資する外資系ファンドの仕事を担当し、全国の介護施設を視察して回りました。そうしたなかで、日本の超高齢社会は人ごとではないと考えるようになり、自分でなにかできることに取り組もうと、二〇一二年に「株式会社介護コネクション」を立ち上げました。

起業するにあたり、介護の経験があるわけではない自分にできることってなんだろうと考え、取り組みたい三つのテーマを拾い出しました。「貧困学生の進学問

Numéro 44

題」「介護の人材不足」「介護離職」です。学生時代に経験した新聞奨学生としての経験からヒントを得て、これらの問題を同時に解決できないかと考え出したのが「ミライ塾」です。

ミライ塾は簡単に言うと、新聞奨学生の介護版です。学生支援機構の奨学金をベースとし、学生支援機構では対応できない入学前に必要となる学費を受入先の法人さんから貸し付けを受け、早朝・夜間または夜勤など、通学以外の時間を活用し、その施設で働きながら修学するため、卒業後に奨学金の返済を極力少なくする制度になっています。塾生さんの受け入れで一番大事にしていることは「覚悟」です。仕事と学業を両立することは決して楽なことではありません。覚悟を持って踏み込んできた学生さんを、私たちも覚悟を持って全力でサポートしていきたいと思っております。

ミライ塾というと、その仕組みを取り上げられることが多いのですが、私たちが本当に目指していることは、若い人たちが介護を通して学んだ経験や視点を社会に出てからの力とすることです。今後の超高齢社会では高齢者理解や認知症の理解はどんな仕事にもつながるものだと思っております。超高齢社会を明るく迎えるためにも、介護の専門家百人ではなく、介護の経験者を千人つくることを目標に、学生と共に伴走し続けたいと思います。

● 不動産鑑定事務所業務を通じて、介護現場の厳しい現状を知り株式会社介護コネクションを起業。自らの体験をもとに、新聞奨学生の介護版「ミライ塾」を設立。

ディズニーランドアルバイト………→父と訪問介護起業

サービス業のアルバイトで、人を喜ばせる仕事がいいと思ったんです

一井圭（39歳）
アイム介護福祉支援センター
（東京都港区）

いずれ継ぐだろうと思っていた父の会社が倒産、仕事について真剣に考えるようになりました。その頃ディズニーランドでアルバイトをしていたのですが、障害者や高齢者の方もたくさんいらしていて、笑顔で過ごされているのを見ると「ゲストを喜ばせるって楽しい仕事だな」と感じていました。

ちょうど介護保険がはじまる頃で、高齢者の方たちの生活を手助けし楽しませたいと思うように。そして、できるなら自分で起業したいと思いました。大企業などの組織は向かないなと思っていましたし、どうしても企業だと利益重視で、自由がきかないから、自分の思ったことができないと感じていました。そして、こ

Numéro 45

れが、父がやりたいことと一致して、共同経営という形でこの会社を立ち上げたんです。事業は、訪問介護、居宅介護支援事業、福祉用具のレンタル・販売です。僕は、最初は福祉用具専門相談員からスタート。駆け出しの頃、憧れのケアマネがいました。相手とのやりとりが見事で、僕も絶対にあの人みたいなケアマネになろうと決意しましたね。その後、ホームヘルパー二級、介護福祉士、そして二〇一〇年にケアマネの資格を取りました。

今は、ケアマネをサポートする職能団体などにも所属していて、法定研修ではファシリテーターをやったり、高校へ行って介護の仕事の話をしたり、ケアマネの勉強会も開催したり、いろいろな活動をしています。

この青山・赤坂地域は、とても法人が多い地域なんですね。そして、今、介護離職が問題になっていますよね。働いている方のご両親に介護が必要になって、困っている方も多いと思うんです。もちろん、住んでいる地域で相談されるのもいいんですが、それには会社を休まなければならない。会社にいる間に、昼休みや朝夕などのちょっとした時間に相談に乗ることができればなと。僕たちがその会社に出向いてもいいし、この事務所に訪ねて来てくれてもいい。介護離職をしないで介護する方法を一緒に考えて、いろんな情報をお伝えしていきたいです。そんなことを、今、ひそかに考えているところです。

● 代表取締役・ケアマネジャー。大学卒業後は、父親と起業。介護の世界へ。地域活動や高校への出前授業なども積極的に行っている。

アルバイト……→訪問入浴サービス……→ホームヘルパー……→訪問介護起業

援助の結果、介護が必要でなくなるなら、それが一番いいこと

滑川千穂（50歳）
ぷちとまと☆けあ（東京都港区）

結婚して子どもが小学校へ上がる頃、住み慣れた東京を離れて長崎へ。地域にとけ込みたいという気持ちもあって、バイトをはじめようとフリーペーパーを見ていたら「訪問入浴」に目が留まりました。子どもを育てながらでもやりくりできそうな条件だったので挑戦することにしたんです。

長崎は坂の多い街で、三人で回っているんですが、みんなでバスタブもホースもポンプも担いで歩きました。お風呂に入れた後の顔がとってもいい顔で、大変でしたけど、楽しかったんです。

東京に戻ることになり、また、訪問入浴の仕事がしたいと思っていたところ、ハ

Numéro 46

ローワークの方に訪問介護の仕事を紹介されて、本格的に働きはじめたんです。

介護保険がはじまって間もなくのことで、まだまだ現場は手さぐり状態。各家庭に一人で行くのですから、それぞれの判断になってしまうんですね。今はケアマネという立場に立って判断することもできるようになりましたが、当時は、利用者の方にほめられるのがうれしくて、なんでもやってあげてしまいました。それは実は本人のためにもならないということに、気づいていなかったんですね。

当時いた事業所で働いていたメンバー数人とは介護観がすごく合って、自分たちで立ち上げようと独立したのが二〇〇四年のことです。私たちは、まずは利用者第一だけれど、ヘルパーとして働く人たちの気持ちにも寄り添う事業所でありたいと思っています。また、経営も大事だけれど、無理してサービスを入れたり、必要のない介護はしたりしない、本来の意味の自立を促すことに力を入れよう、そこはきっちりと正しくいこうと言っています。「私たちが援助することで、元気になって介護が必要なくなるなら、それが一番だ」ということです。

実は、娘も、そして娘婿も事業所に入ってくれたんです。子育て中は、いそがしくて十分に尽くせなかったけれど、介護の仕事の大切さを子どもたちに伝えてきたんです。どこかで背中を見ていてくれたのかなとうれしく感じています。

● 取締役・所長。主任介護支援専門員・介護福祉士・認知症ケア専門士。現在は娘夫婦と一緒に事業所を切り盛りしている。

リラクゼーションサロン………→介護付き有料老人ホーム介護職
………→介護トラベル会社起業

「初恋相手との再会」のお手伝いも。お客様の笑顔に支えられる仕事です

丸 直実
介護トラベル
(東京都西東京市)

結婚後、ボランティアで行っていた老人ホームでの仕事にやりがいを感じ、思い切って介護の世界に飛び込みました。グループホームで働いていると利用者のおばあちゃんたちが、「昔住んでいた私の家、今どうなっているのだろう」とか、「お墓参りもずっと行ってない」などの会話がよく耳に入ってきました。でも、家族に負担をかけたくなくて、話さないのです。そんなお年寄りの希望をかなえてさしあげたいと、昔、有料老人ホームで一緒だった同僚とアルバイトの三人で介護トラベルの会社を立ち上げました。

介護トラベルとは、介護と旅が一緒になったものです。車椅子の方や介護の必

要な方でも旅行を楽しんでいただけます。

先日も娘さんから「母を岐阜に連れて行きたい」という依頼がありました。その方のお母様は要介護四の九十二歳。なんでも戦争で離れ離れになってしまった恋人に「もう一度会いたい」とボソっと話されたそうなのです。そこで娘さんがあちこちのタクシー会社にかけ合ってみたのですが、全部断られてしまいました。郵便局に置いてあったうちのパンフレットを偶然見て連絡してきてくれたのです。

ちょうどゴールデンウィークだったので、練馬から岐阜まで渋滞で六〜七時間かかったのですが、なにごともなく無事到着。岐阜の待ち合わせ場所に恋人だったおじいちゃんも来てくれて。二人とも少し認知症の症状もあるし、当時から何十年も経っているので「わかるかな……」と娘さんも心配していたのですが、会えばわかるんですね。もう、おばあちゃんがおじいちゃんの手を握って離さない。

この旅を企画した娘さんも達成感でいっぱいという感じで、写真を見るとみんな本当にいい笑顔なのです。たとえ車椅子生活になっても「旅に出たい」という、あきらめていた夢をかなえることで、また生きる意欲を取り戻す方も多いのです。このような瞬間を体験すると、疲れも苦労も吹き飛びますし、この仕事に喜びを感じます。これからもお客様の笑顔に支えられながら、スタッフみんなと走り続けたいと思っています。

● 老人ホームのボランティアがきっかけで介護の道へ。元同僚と介護トラベルの会社を起業。介護トラベル株式会社代表取締役。介護福祉士。

内装会社経営……→デイサービス施設長

介護は生に対してのアシスト。精神的サポートの役割を、もっと考えるべき

田村 寛（52歳）
オアシスクラブ（千葉県千葉市）

銀座で内装会社の経営をしていたんです。親父が病気になり、手術後に寝たきりのような状態になってしまいました。病院で看護師さんから「どうして介護保険の申請をしないんですか？」と言われたんですね。そこで初めて「介護」というものを知ることになったんです。

親父が亡くなった後、お袋が一人になるので「帰ろうかな」と考えはじめました。その頃友人から「介護の事業をはじめたから、一緒にやらないか？」と誘われたんです。それが通所介護施設でした。「もう一軒、つくる予定」と聞き、僕はちょうど内装の仕事をしていたから、「つくるところからやろう」と自分の事業は

Numéro 48

畳んで、地元の千葉に戻ってやりはじめたんです。

ターゲットは女性に絞って、ヨガを中心としたものをつくることにしました。コミュニケーションが取れるようなカフェコーナーもつくって、マッサージも入れて。事前にある程度、聞き取りなどの調査もしましたね。送迎の車には「介護」の文字を入れず、会社のロゴはオシャレに、建物自体もカラーリングを鮮やかな色にし、介護っぽくならないように考えました。

僕は、介護は「生に対してのアシスト」だと思っているんです。高齢になって、仕事を離れて、みんな自分の存在価値を考えるんですよね。核家族が増え、人間関係も希薄な部分もあるから、「自分の存在価値はないんじゃないか」「なんのために生きているのか」と、たくさんの人たちが口にするのを聞きます。

この地区には、高齢の女性が一軒家で一人暮らしをしているケースが結構多いんです。一番大切なのは利用者さん同士で気持ちを共有しながら、自分の存在価値だったり、生きがいを見つけることだと思うんです。習いごとをはじめたり、新しいことにチャレンジしたり、そのことが支えになる。介護の施設によって、仲間ができたり、週に何回か行く場所ができるということが、とても有意義なことだと思うんですよ。通うことによって、体のメンテナンスも得られ、それが「介護予防」にもつながる。見た目は介護を必要としない、という人も結構いるんで

● 内装会社経営を経て、父亡き後、友人の誘いもあって地元の千葉に戻り、デイサービスを開所する。

す。「精神介護」って言葉があるのかどうかはわからないけど、こういう施設が精神的サポートの役割を果たしていると思います。

うちでは、できることはしてあげたらいいかなと、電球を取り替えたり、買い物に行ったり。要は見えないサービスです。接点は常にあるわけですよね。週に二回来ている人、三回来ている人、送迎の車のなか。その人たちと一緒に共有する時間が長いから、困っていること、やってほしいこと、精神的なものもやっぱりわかるから。前は旦那さんがいて、車でいろんなところに行けたけど、今は行けなくなったと。だんだん行動範囲も狭まってくる。「利用者さんに見てもらったらいいんじゃないか」と思って、桜の季節には、送迎の車を少し遠回りして、きれいなスポットを走ったりね。試しにやってみたら、非常に喜んでもらえたんです。これからは、介護の施設や介護サービスを自身が選ぶ時代。そのニーズに応えられるような、喜んでもらえるような介護を探っていくつもりです。

★ 久田恵の眼

高齢者のイメージは変わりました。現実の高齢者は、個性的で、経験豊富で、知識と能力を持つ人たち。介護サービスも選ぶ時代です。利用者の個別で多様なニーズに向き合えない事業所は淘汰されてしまうでしょう。

出版社→子育て→訪問介護起業

介護の現場で働く人も、夢を実現できる場所でありたい

佐藤美鈴（52歳）
ぶらんち（東京都港区）

大手の介護事業所で新規事業立ち上げなどを行い、バリバリ働いてきました。二〇一五年、これまでの思いを形にしようと、訪問介護事業所「ぶらんち」を立ち上げたんです。介護の世界って、介護保険の枠からはみ出さないようにやるのが使命みたいでしょう。それって利用者のためにもならないけど、働いている私たちだって楽しくない。医療的ケアができるヘルパーを増やし、家事代行にも力を入れ、事業所の特徴を出すようにしました。もう一つは、ものづくり。介護用品のデザインをなんとかしたい。デザインやアイデアを利用者の方やご家族からうかがい、形にし、そしてそれが商品などになったら、アイデアをいただいた方にも還元したい。うちのスタッフはパラリンピック選手たちのプロケア集団をつくりたい、介護カフェを開きたいなど夢を持っている人が多い。そういう人たちを応援して、それぞれがお互い地域でつながって広がりを見せてくれたらいい。働く人にとっても、ここへ来れば夢がかなう、と思える場所にしたいんです。

● 代表取締役。介護の世界でキャリアアップ。介護の世界をもっと洗練したものにしたいと、日々奮闘中。

Numéro 49

金融業……→介護タクシー起業

たくさんの可能性のある業界。いつかは花が咲くおもしろい仕事です

木本誠二（57歳）
アシストキャブ龍馬
（東京都葛飾区）

金融業界に二十三年。会社が粉飾決算を起こしてしまい同業他社への転職、証券会社への出向……。将来の不安を抱えて働くより、ギアチェンジしちゃおうと思ったのがきっかけです。ちょうど五十歳でした。

介護職の家内から勧められたのが介護タクシー。業界の現状を調べるとたくさんの可能性を感じ、これまで成熟した業界を見てきた自分にとっては、「チャンスだ！」と思いました。社会貢献的な意味合いも踏まえて決断したわけです。

介護タクシー開業のために第二種免許とホームヘルパー二級の資格を取得。新規投資としてもそんなにはかかりません。二〇二〇年の東京オリンピック・パラリンピックには社会貢献できると思います。この仕事は運転することが好きな方には向いているでしょうね。ただ、有償で走りますから、当たり前ですが緊張感があります。金融業で感じたようなストレスもなく、「いつかは花が咲く」という仕事は、いい意味ですごくおもしろく感じています。

● 金融業界で時代の変革期と景気のどん底を経て、ギアチェンジ。金融業に見切りをつけ、将来性の高い介護業界に転職。第二種免許取得。ホームヘルパー。

Numéro 50

理容師……→デイサービスで理容師……→夫と理容所併設デイサービス起業

理容師の経験を活かして自分のやりたいデイサービスを実現

Numéro 51

山本えり子（57歳）
デイサービス笑福（東京都府中市）

「働きがいや生きがいを追求してみない？」とサラリーマンだった夫を誘ってデイサービス笑福《えふ》を立ち上げました。理容師の資格があったので、理容所併設の介護事業所というスタイルで。都内初の試みなんです。デイサービスに通いながらきれいになれると喜ばれています。

● 理容店勤務を経て、デイでのシャンプーサービスを担当した後、二〇一六年に夫と理容所併設の介護事業所を開所。

美容師……→病気療養……→訪問美容

美容師の私に、「美容のチカラ」を教えてくれた仕事です

Numéro 52

小池由貴子（38歳）
訪問美容 と和・コミュニティサロン と和（東京都豊島区）

訪問美容をはじめたのは、病気療養中に後輩美容師が家へ来て髪を切ってくれて心が明るくなったから。同じ境遇の方から「髪を整えておしゃれがしたい」「お出かけがしたい」との要望も増え、巣鴨地蔵通り商店街にバリアフリーの美容室もオープンさせました。「きれい」は「生きる力」になると確信しています。

● 病気で一時車椅子生活に。どんな状態でもきれいでいることが元気の素と訪問美容を立ち上げる。

知りたい！まめ知識 4

成年後見制度って知ってます？

認知症、知的障害、精神障害などの理由で判断能力の不十分な方々を保護し、支援する「成年後見制度」。主に、金銭にまつわること――財産管理を援助したり、悪徳商法などから身を守るためにつくられた制度です。成年後見制度は、大きくわけると、法定後見制度、任意後見制度の二つがあります。前者は、家庭裁判所によって選出された人が、本人の利益を考え契約や法律行為を保護・支援します。後者は、十分な判断能力があるうちにあらかじめ後見事務の内容と任意後見人を、公証役場で契約を結んでおき、後見人が必要となったときに、家庭裁判所で任意後見監督人を選任してもらう制度です。お金にまつわることなので、なにかと手続きが複雑かつ面倒が多いのがつらいところ。介護のプロであっても、手を出せないのが、お金の管理です。独居の高齢者が増え、身寄りのない人も増えているので、そんな人には力強い制度なのです。

石川未紀（社会福祉士）

高齢者住まいアドバイザー協会　代表理事 **満田将太さんのコメント**

成年後見制度は、財産管理などはもちろん、介護保険利用に際しての契約や、施設の入退所についても支援してもらえる制度です。制度を利用することで、判断能力の低下した本人の利益を守ることができます。日頃高齢者の方のケアをされている介護職の方には、この制度への橋渡しが期待されています。

5

家族の介護体験や自分の介護体験がきっかけです

介護の仕事を選ぶきっかけは、さまざまです。両親や義父母、病に倒れた夫や妻の介護など、大切な家族や自分自身の体験が、この道を選択する入り口になったという方が大勢います。

その背景には、突然の介護に直面して、十分なことができなかったという悔恨や無念さがあり、そのことに長く苦しんだりもします。けれど、介護の世界は、そういう葛藤をくぐり抜けたからこそわかる、身をもって体験したからこそわかる、そんな世界でもあるのです。体験は万能ではありませんが、実践を通して、技術ばかりではなく介護の哲学が知らず知らずに培われます。介護の現場とは、そういった方たちが、今一度、人生をポジティブに生き直す場でもあるのです。

メディア販売店起業……→介護職

この仕事をしているルーツは母にできなかったことへの贖罪です

齋藤隆弘（43歳）
特別養護老人ホーム 千歳敬心苑
（東京都世田谷区）

Numéro 53

大学入学と同時に、ゲームソフトなどのメディアを売買する店舗のアルバイトをはじめました。この店舗展開を手がける企業に「卒業後は事業本部で働かないか」と誘われて入社しました。上場企業の一事業部でキャリアを積むとチェーン店運営の権限が与えられ、二十七歳のときに独立起業。二店舗同時に立ち上げて十名くらいの従業員を雇っていました。楽しかったですね。業界の景気もよかったし、自分が頑張った分、見返りも大きかったので寝食を忘れて仕事をしていました。

そんなある日、母親から「急に目が見えなくなった」と連絡が入ったのです。病院で受診したら脳腫瘍でした。手術を二回受けましたが、半年で他界。そのとき、「どうして僕は今、この仕事をしているんだろう」とぼう然となりました。母親の猛反対を押し切ってまでした目的や目標もあったはずなのに、母親が亡くなったことですべてを喪失してしまったのです。それで、自分のモチベーションを持てない現場に戻ることが精神的に難しくなり、六年弱経営した店舗を売却しました。

しばらくしてこのままではいけないと、ハローワークを通じてデイサービスの送迎ドライバーの面接に行ったら、「介護職もやってみないか」と声をかけていただきました。そこで勤務をはじめたのが、福祉業界への第一歩でした。三十三歳のときのことです。今ふり返ると、介護の仕事に出会っていなかったら社会復帰ができなくなるくらい、当時は危ない精神状態だったと思います。そしてその後、三十七歳のときに、特別養護老人ホームに転職しました。

実は僕が今、この仕事をしているルーツは、母親にできなかったことへの贖罪なんです。僕は闘病中の母が「トイレに行きたい」と言うのに対して、「自分で行けよ」って言ってしまった。母が自分でトイレに行こうと、はい出した途中で便失禁してしまい、僕はビックリしてどうしたらいいかもわからず、そのまま仕事に行ってしまった。また、「お風呂に入りたい」と言われても、「その体じゃ無理でしょ」って、お風呂にも入れてあげられなかった。また、車椅子からの移乗で

● 学生支援制度を活用してアルバイトをしていたメーカーに就職後、独立してメディア販売店経営。母親との死別による喪失感から廃業。ハローワークで紹介されたドライバー職がきっかけで介護業界に。介護福祉士。ケアワーカー。

は、後部座席にお尻を乗せたつもりが落としてしまい、腰椎圧迫骨折までさせてしまった……。ですから、今はトイレもお風呂も移乗もなにもしてあげられなかった母親に対して、免罪符を取りにきている感覚ですかね。

僕のようにまったく違う畑からの転職でも、心一つでとてもいい仕事ができるのがこの仕事です。今、この仕事に就いている自分をきっと母は認めてくれているような気がするんです。でもそれは小さいことで、自分の心の奥底にあるものです。実際に働いていて楽しいですね。

僕は入居者の方に笑っていただきたいんです。「人らしく」とよく言いますけど、あらゆる生き物のなかでも、笑顔で声を出して笑えるって人間だけなんじゃないかな。じゃあ笑うって、とても人間らしいんじゃないかなって。入居者が笑って過ごす時間を提供したいと、いつも思っています。

★久田恵の眼

二十代で独立起業を果たした若者を、介護の世界に転身させた背後には、言葉にしがたいわけがあったのですね。親の介護は、身を投げ出しての最後の教育。亡くなった後も、親に育てられ、支えられているのだと思います。

営業職……→訪問マッサージ代理店……→介護事業会社起業

代表の私が笑っていれば笑いが輪のように還元されていくのです

中原美代子（59歳）
アーチメディカルサポート
（長野県上田市）

二十七歳のとき、十年過ごした東京を離れ、家族全員で上田へ戻りました。じっとしていられない性分で、三人の子どもを育てながら営業の仕事で飛び回っていました。そのとき仕事中のけがが原因で大きな手術をしました。半年入院し、その後も一年間毎日リハビリに通う日々。やっと回復したと思った矢先、今度は交通事故に遭い、一生松葉杖が手放せなくなると言われ、また入院。三か月後、別の病院へ転院し、そこで出会った理学療法士との関わりが今の自分の原点になっています。

● 入院中に理学療法士と出会ったことがきっかけで介護事業の道へ。現在は、老人ホームから居宅介護サービス、デイサービスまで多角的に介護事業を展開する株式会社アーチメディカルサポート代表取締役。

Numéro 54

もうふつうに歩くことは無理だとその病院でも宣告されたのですが、まだ若い理学療法士の彼は、自分の時間が空くとすぐにリハビリ室に呼んでくれて、二時間、三時間と治療をしてくれました。この出会いが、機能訓練特化型デイサービス「おひさま」を立ち上げるきっかけとなりました。

交通事故の後、がんになり、三十歳すぎから四十歳半ばまでは入退院をくり返していました。がんの手術をしたときには、あまりの痛みに、「病院の七階から飛び降りる！」と、さわぐほどでした。この経験で「痛い」とはどういうことなのか、身をもって知りました。もう自分の先は長くないと悟り、主人に「子どもたちをお願いね」と話していた矢先、なんと急性心筋梗塞で主人が急逝してしまったのです。毎日泣いて過ごしていたその頃、今度はベッドから落ち、首の手術。上半身は合わせて十二か所切り刻まれ、友人いわく「パッチワークの中原」だと。

これ以上入院するのはいやだと、強い薬でコントロールしながら、営業の仕事に復帰しました。大黒柱を失い、働かねばならなかったのです。同時に副業で訪問マッサージの代理店の営業もはじめ、本業が休みのとき居宅介護事業所や介護施設を回り、必要に応じて国家資格のあるあん摩マッサージ指圧師を派遣するようになりました。二足のわらじで一年ほど働きましたが、体力的に無理だとわかり、副業を本業にシフトして、訪問マッサージの代理店に力を注いでいきました。

最初は一人からの出発でしたが、娘婿も手伝ってくれ、従業員も増えていきました。高齢者のお宅を回っているうちに、あのつらかった自分の闘病生活と重なり、理学療法士や作業療法士がオリジナルな機能訓練を提供するリハビリ特化型のデイサービスをつくろうと思ったのです。その後、介護付き有料老人ホーム「ハッピーシニアリビング上田」、指定訪問介護事業所「はっぴーヘルパーステーション」、指定居宅介護支援事業所「しあわせ」、指定通所介護事業所「ハッピーデイサービス」と事業を拡大してきました。これからは医療機関と連携し、複数の診療科が一か所に集積した医療モールをつくれたらと思っています。中心静脈栄養や鼻チューブによる経管栄養などの無理な延命をしなくてすむ「自然な看取り」を、介護医療として取り組みたい。老いて体が思うように動かせなくなったつらさ、悲しみは自分の経験を通して痛いほどわかります。利用者さんの心身の痛みに寄り添いつつ、無理のない自然な介護を目指したいと思います。

★ 久田恵の眼

自分にふりかかった過酷な体験を、次々と生きる力に変えてきた中原さんの人生ドラマに圧倒されます。体に刻むようにして得た介護を考える視点、そしてその実践力とスキルは、本物ですね。

工員……→フリーター……→父の介護……→介護職

私を変え、将来を変え、「生きがい」をもたらしてくれた仕事です

須戸美紀子（41歳）
特別養護老人ホーム　保谷苑
（東京都西東京市）

利用者さんと接していると元気になれます。目の見えない方でも、私の声で「美紀ちゃんでしょ」と気づいてくれる。夜勤のときでも私の心配をしてくれて、逆に励ましてもらったり。そうすると、私は一日笑顔でいられるのです。

私は中学卒業後、コートをつくる工場で働いていましたがいじめに遭い、半年で辞めてしまいました。それからはいろいろな職を転々としました。

あるとき、定年退職したばかりの父が倒れて左半身麻痺になってしまったのです。当時、家族五人でアパート暮らし。介護できる環境ではなく「施設に入ってもらう」という話になり、私は泣いて兄に頼みました。「私が全部面倒をみるから、

Numéro 55

介護ができる家を買ってほしい」と。最終的には兄が決断をしてくれて、家を買ってくれたのです。父は第二の人生というときに、体が不自由になった。苦労だけを見てきたから、すぐに施設では父の人生がさびしいなと思ったのです。

その後父は、失明してしまったのですが、周りにあたり散らしたりもせず、いつも前向きでした。父の偉大さをあらためて知りました。

父の介護を、母と交代することになると、私は仕事として介護をやってみようと、ホームヘルパー二級の資格を取ることにしました。基礎を知らなかったので研修はすごく新鮮で、いろいろな方の介護をしたいという気持ちも芽生えました。「特養」が利用者さんと深く触れ合えると思い、ここで正社員となって今、五年目です。正社員で働くことを、父はすごく喜んでくれました。私がずっとフリーで働いてきたので、なにかあると「おう、俺の金をやるよ」と言っていたんです。

利用者の方の行動や言動には、理由やサイクルがあることもわかりました。いそがしくても、ゆとりのある介護をしたい。認知症の方でも、ふとしたときに大事な言葉を言う瞬間があるのです。そういう気づきをいつも持っていたい。今年は介護福祉士にもチャレンジしようと思っています。

「介護」は私の将来を変えてくれました。私にとって「生きがい」です。父が倒れてから自分自身が変われました。父には本当にありがたいと思っています。

● 中卒後、勤めた工場でいじめに遭う。その後はアルバイトで定職に就かずにいたが、父を在宅で介護したのがきっかけで介護職に。現在、特別養護老人ホームに勤務。

自動車販売の営業マン……→プロスポーツ選手のマネジメント
……→介護タクシー起業

介護タクシーの仕事は、父に導かれた新しい人生の道なのです

金子裕一（44歳）
株式会社 鐵 まごころケアタクシー
（神奈川県横浜市）

Numéro 56

私は母を亡くした後、父と暮らしていました。父に大反発した時期があり、問題行動で高校から処分を受け、全寮制の塾に放り込まれました。厳しい日常で心身をたたき直すところで、つらかったですが、結局、大検（大学入学資格検定試験）を取って大学に進み、父と同じ自動車販売会社の営業マンになりました。

四十二歳のとき、父が倒れリハビリテーション病院に入院したのですが、この病院でいやな思いをしました。患者さんがおもらしをしたら、「残念なお知らせがあります。○○さん自爆！」と、介護職の人が言うのを聞いたのです。それで、父の介護は自分でする、と在宅介護を決意しました。

でも、二か月後に父は気管切開。痰の吸引、経管栄養が必要になりました。秋田に住むおじやおばが上京して助けてくれたり、元同級生たちが心配して、私の家で飲み会を開くなどしてくれました。訪問看護ステーションの方たちも「私たちのいる時間は休みなさい」と言ってくれて。

父が逝き、一人になってからは、父のいろんな言葉が思い出されました。入院中に「お前、やれるのか」と何度も言っていたのは、「お前に俺の介護がやれるのか」ということで、それをやり切れば、「お前の人生が変わる」と教えてくれたのかなぁ、とか。それで第二種免許とホームヘルパー二級の資格を取り、介護タクシーを起業したんです。退路を断つため、車椅子用の福祉車両を一気に三百万円で購入。書類を申請し、半年で認可されました。

起業後、名刺を持って父がお世話になった訪問看護ステーションに挨拶に行くと、看護師さんが「あなたのことを心配していたのよ」と言って、名刺を胸に当てて涙ぐんでくれました。

この仕事は楽しいです。介護をしている娘さんが、「お母さんの帽子、買ってきたのはこの店よ」とか、運転しながら会話を聞いているだけで、心からうれしいと思います。こういう日々を過ごせるのも、結局は、父の介護経験があってこそです。私は父から、最高の財産をもらったと思っています。

● 自動車販売の営業マンからプロスポーツ選手のマネジメントの仕事を経て、42歳で父親の在宅介護の体験をする。その経験に導かれて介護タクシーを起業。

OL……→専業主婦……→介護職

周りに個性的な人がいて話ができる、それがとてもおもしろいんです

佐藤篤子（49歳）
城山介護サービス（東京都八王子市）

義父が病気になってもう余命半年だと言われて。夫の両親は八王子に住んでいて、私は板橋区からお手伝いのために子どもを連れて通っていたんです。だけど、やっぱり大変だから八王子に転居しました。自宅で介護をはじめたのですが、みんな疲れているし、私も子どももがまだ一歳。家族だけだとけっこうギスギスっていう感じになっちゃうんです。そんなとき、訪問看護師さんが病人のケアの傍ら、ちょっとしゃべっていってくれるんですね。病気の話ではなくて、本当に他愛もない話を。他人が入ると、家のなかの雰囲気がすごく変わるんですね。

最終的には義父を自宅で看取ることができました。しばらくしてそのときの訪

Numéro 57

問看護師さんが訪ねて来てくれたんです。「城山病院でホームヘルパー二級講座をやっているので、どうですか?」って。訪問看護中、ヘルパーの話もしていて「そういう仕事もあるのよ」と聞いてはいたのです。「今、していることをやればいいんだから、同じよ」って。「じゃ、できそうですね!」って。意外と私は楽天的なので、そう言われたら、そう思っちゃうようなところがあるんですね。義母も「子どもをみてもいいよ」と言ってくれたので、やってみることにしたんです。

講習中は子どもを義母に預けて、全面的に助けてもらいました。週二回通って資格を取り、そのまま城山介護サービスで働くようになったんです。五年前にサービス提供責任者になりました。その後、介護福祉士、ケアマネジャーの資格も取りました。この仕事は、利用者さん、そのご家族をはじめ、たくさんの人に出会うんですね。個性的な人に出会って話ができる。それがとてもおもしろいんです。利用者さんも人生のすごい先輩でもあるし、これから先、自分が生きていくための糧となることを言ってくれる。それが、すごくためになると感じます。

気がついたら介護職に就いて十四年。この仕事に就いてよかったと思います。義父を担当していた訪問看護師さん、城山介護サービスを立ち上げた当時の管理者、今の管理者など、魅力的な人がいつもいつも周りにいたというのが、私が続けられた理由だと思います。

● 義父の介護経験を縁に、訪問看護師の勧めで介護職に。現在はサービス提供責任者。

補聴器販売員……→秘書代行……→介護職

長い人生で突き刺さったトゲを、一つ一つ抜く仕事だと思います

盡田康恵（57歳）
ファミリアーレ四葉　グループホーム
（東京都板橋区）

Numéro 58

秘書代行の仕事をしていた頃に父が病に倒れ、親戚のおばたちにも具合の悪い人がいました。かけ持ちでお見舞いやお手伝いをするなかで、私には技術がないことを思い知ったんです。「しっかりと看病をしたい」という思いから仕事を辞めて、家族の介護に専念することにしたのです。

父の病状が進み奇行に及ぶと、それに対して怒ってしまうんですね。今なら、なぜそうしたのかわかるんですけれども、当時は理解できませんでした。父が亡くなった後は、存分に介護ができなかった悔しさや、父の気持ちに寄り添えなかったという、私自身の気持ちをほぐすこともできないでいたんです。

やがて父にしてあげられなかったことを、人に返していきたいという思いが募り、介護職になりました。もちろん、自分の人生に悔いを残さずにやり切りたい、自分がこれから先にそうしていきたいというのもあります。どっぷりと介護の世界に入り、十年経ちました。

長く生きてこられた方々は、たくさんのトゲが刺さっているんですね。痛い思いをして生きてきているんです。そのトゲ抜きが私にできるのであれば、その日その日を楽しいという思いで、残りの人生を過ごしてほしいんです。ほんのわずかでも寄り添う時間があって、その方が少しでも心地よいと感じていただける時間を過ごせるのであれば、そこに救いがあります。私がここにいてもいいのかな、寄り添えてよかったと、心の充実感や達成感がこの仕事にはあります。

主人が亡くなった後は、私がパニック障害になってしまったこともありました。どこにも出歩けない、電車も乗れない、人と話すこともできない。そんな状態なのに、なぜか介護の仕事だけはできるんですよ。ここには私の居場所、世界があるんでしょうね。

私にとって介護の仕事は本当に救いです。恩返しをしていかなくてはと思います。動ける限りは介護の仕事を続けていきたいですね。

● ファストフードや販売員などの接客業を経て、秘書代行業に。家族や親戚の病を目の当たりにして無力を感じて介護に専念。人への恩返しから介護職に転職。ホームヘルパー2級。

観光業……→ホームヘルパー兼トラベルヘルパー

それぞれの思いに寄り添い「ハレの日」をお手伝いする仕事です

大塚直子（46歳）
あ・える倶楽部
（東京都渋谷区）

Numéro 59

母が難病になってしまったんです。車椅子生活になり、いずれは介護も必要になるという将来がハッキリ見えてしまった。それなら介護の資格を取得しようと思いました。すぐに仕事にというのではなく、まずは勉強をしてみようと思って。やってダメならほかの仕事をしてみればいいと、行動に移しました。ホームヘルパー二級を取得し、訪問介護の仕事をはじめたのが介護との出会いです。

ある日、母とトラベルヘルパーの話をしていたら、「あなたに合っている仕事なんじゃない」と背中をポンっと押してくれたんです。どんな資格なのか半信半疑だったのですが、講座に参加しました。トラベルヘルパーは、介護と旅行の知識を活かしてお客様の旅行をサポートする、「ハレの日」を演出する仕事です。基本はホームヘルパーと同じで、安全に介護するという根底は一緒です。人の命を預かる仕事ですから、安全第一は当たり前です。それが絶対的にあって、それにプラス、感動とか喜びや演出も。もちろん私たちだけの力ではないですけれども、そういうことも大切です。

またトラベルヘルパーは、お客様と一緒に行動するので体力も必要です。依頼内容も多岐にわたり、披露宴への出席や美術鑑賞、温泉旅行など、理由や思い、要望はそれぞれ異なります。終活的な発想から、「お墓参りに行きたい」というケースも多くあります。その都度、バリアフリートイレや最適な移動手段などの下調べのほか、体の状況に応じて準備を進めます。

トラベルヘルパーがハレの日の仕事だとしたら、訪問介護は日常をサポートする仕事です。日常があってのハレの日です。日常の状態を知らないとハレの日の適切な介護ができないのではないかと思います。そういう思いもあり、トラベルヘルパーだけではなく、訪問介護の仕事も続けています。

高齢になってもあきらめずに、旅行にも行けるということを知ってもらいたい。そして、多くの人にハレの日も日常も楽しんでいただきたいです。

● 観光業界に就職し、出産を機に退職。子育てが一段落した頃、母親の難病を機に介護の資格取得。ホームヘルパーとトラベルヘルパーを兼業する。認定トラベルヘルパー(外出支援専門員)、総合旅行業務取扱管理者、介護福祉士。

主婦……→パート……→ホームヘルパー

息子を介護していた「あの頃の私」にプロになった私が「頑張っているね」と伝えたい

萩原光子（59歳）
K港ステーション
（東京都港区）

Numéro 60

一九九八年の夏でした。息子が海難事故に遭ったんです。病院へ駆けつけたときには、「低酸素性虚血性脳症」と診断され、いわゆる「植物状態」となりました。在宅で五年みた後、息子は二〇〇二年に亡くなりました。その後、すれ違いがちだった夫と離婚。一念発起し、二〇〇六年に青森から上京。ハローワークに通い、ホームヘルパー二級の資格を取りました。あるとき、東京で世話になっていたところ、とにかくヘルパーになろうとは考えてもいませんでした。でも、ヘルパーになりたいとこに「なんの仕事をしたらいいかな」と聞いたら、「息子さんがしっかりと道筋をつけてくれているじゃない。なぜ介護の仕事をしないの？」と言われてヘルパーとして働く決心をしたんです。

私は重度の方の身体介護をするほうが、家事援助などより好きなんです。分刻みで、テキパキと仕事をこなしていくよりも、じっくりと利用者の方と向き合いながら介護したい。息子に対してやり足りなかったところを埋めたい、当初はそんな思いがありましたが、今は違います。息子を介護していた頃の私に出会えるなら、「それでいいんだよ。よく頑張っているね」と伝えたいくらい。

家族で介護されている方のなかには、あまり大事にされていないと感じることもあります。目つきや態度、下着の清潔さでもわかります。家族の方も思う気持ちは絶対にある。でも、疲れが溜まれば誰でも苛立ってしまうこともありますよね。だからこそ、私たちが入ることも大事なのかなって思いますね。

以前、息子を介護していたとき、訪問看護師さんが「隣の部屋で寝てもいいし、友だちとランチしてもいいのよ。そういう時間をつくるために来ているんだから」と言ってくださって、ずいぶんと気が楽になりました。私もそんな存在になれたらいいなと思っています。利用者の方のなかには「早く死にたい」という方もいます。そういう方には、「長く生きてくださったから、この出会いがあった。この出会いに感謝している」と伝えています。誰かが言っていた言葉ですが、いいなと思って……。そんな気持ちで利用者の方とお付き合いしているんです。

●息子への介護経験を経て介護の世界へ。介護福祉士。介護職員等による喀痰吸引、同行援護などの資格も取得。

母を在宅介護しながら中古車販売 ………→ 介護職

母の在宅介護二十年の体験を経てやっと踏み出せた仕事です

大橋要治郎（43歳）
特別養護老人ホーム　土支田創生苑
（東京都練馬区）

Numéro 61

二十歳をすぎた頃、母が脳内出血で半身不随になってしまいました。自分は中古車販売などの仕事に就いていましたが、末っ子で同居していたので仕事をしながら二十年くらい母親を介護していたのです。それで命が危なくなってきたとき、仕事を辞めて付きっ切りになりました。その後、母が亡くなり、知人から「介護をやらない？」と誘われたんです。母をみていたこともあったし、やればできるのかな、ってちょっと自信はありました。家族からも「お前ならできるよ」って言われたりして。四十すぎて初めての介護職。ダメだったら辞めればいいいんだと思って、ここに入ったんです。

やってみて、やっぱり大変だなと思いました。自分の親をみるのと、人様をみるのはまるで違う。命をお預かりする仕事なので、気は抜けないし、責任をすごく感じました。毎日「今日辞める、明日辞める」と思っていたような気がします。それでも利用者の方に自分から触れ合うようにしていると、「この人はこう思っているんだな」とわかってくる。それはだんだんと自信につながっていきました。人は十人十色で、それぞれ考え方も違うので、個性をうまく活かして組織のなかで得意不得意を補っていけば、いいチームになるんじゃないかと思っているんです。

職員のストレスを軽減することも課題の一つです。ストレスを抱えていると表情にも出てしまう。そのまま介助にあたると、それは利用者の方にも伝わってしまって、どんよりとした空気になってしまうんです。現場の空気は重要です。楽しいと軽く感じられるじゃないですか。それは利用者の方の体調にも関係してくると思うんですよね。楽しいとやっぱり笑顔が出るから。具合が悪かったとしても笑顔があったら、それをはね返すようなパワーが出てくるのかなとも思います。

自分は常に笑顔でいることを心がけています。スピード重視や決められたことをこなすやり方ではなく、人間らしさを大切にしたい。利用者の皆さんの笑顔が日々絶えないように。そうして、皆さんが元気でいてくれればいいと思います。

● 車関係の仕事に就きながら、母の介護を自宅で20年間する。そのことがきっかけで介護職に。初任者研修の資格を取り、現在はフロアをまとめるグループリーダーを務める。

住宅販売員……↓銀行員……↓不動産業起業……↓ホームヘルパー

志半ばで亡くなった、女房の遺志を継ぐ仕事なんです

近藤日出斗（62歳）
ケア・ウィング（東京都北区）

銀行への転職後、支店長、人事部長となり、やがて不況によりリストラを進める立場になり、いやになってきちゃいましてね。「人を切るなんてお前、なに様か」と。株式会社で社長をやってもサラリーマンです。社員がいなくても、自分で立ち上げれば社長です。それで銀行を辞めて不動産屋を起業したんです。十二年くらい前です。その頃、女房ががんになったんです。女房に付き添ってあげたかったたし、サラリーマンを辞めたおかげで女房を看取ることもできました。

実は十三年くらい前かな。女房から「ホームヘルパーの資格を取りたいから介護の学校に行きたい」と相談されたことがあった。理由を聞いたら、私は男三人

Numéro 62

兄弟の末っ子ですが、「お義母さんの面倒をみたい。お義兄さんたちいるけど、いいかな」って。三重県の田舎に母が一人でいまして、それがきっかけでうちの女房は一年くらいかけてホームヘルパー一級の資格を取りました。当時は難しかったみたいです。ところが、資格を取った後に女房はがんになり、亡くなってしまったんです。荷物の整理をしていたら、介護の勉強をしていた妻が書いた日記が出てきたんです。「少しでも上手になって、お義母さんに楽をさせてあげたい」って。母親に対して私はそんなこと考えたこともなかった。女房が考えてくれていたその思いに浸る間もなく、二人の兄もがんで亡くなり、兄弟も女房もみんなパタパタって死んでいったんです。そんななか、私自身も、ホームヘルパーをやってみようかなと思いました。

そうこうしているうちに母が倒れました。東京から一か月に一回、泊まりがけで三重県四日市市まで四年間くらい通いました。身内は私だけですから、母を看病したいという思いで通い続けました。ところがあるとき、母の入所している施設の方から、「ご家族の方でも、資格や経験のない人は触らないでください」と言われたんですね。それなら資格を取れば、母の面倒をみてあげることもできると資格を取って、ホームヘルパーの仕事もはじめました。

介護の仕事をはじめてわかったことは、人間に能力の差はないということ。や

●住宅販売のトップセールスマンから、一転、勤務先が倒産。ハウスメーカー、銀行に勤めた後、不動産業起業。妻や兄弟との死別を機に介護職に。

る気の問題なんですね。大切なのは職場の雰囲気やかけ声です。気配りではなく、心配りです。

次のステップとして、ケアマネジャーからも「あそこの事業所なら」と一目置かれ、社員を辞めさせない環境の介護事業所を立ち上げたいと目論んでいます。ホームヘルパーがコロコロ変わってしまっては、必要な細かなケアが忘れられてしまうこともあります。利用者の方にも安心していただけるよう、馴染みのホームヘルパーが末永く対応できたらと考えています。

今までの仕事とは大きく毛色の違う仕事に就きました。なぜ介護の仕事かって？　それは、資格まで取って母をみようとした妻の思いを引き継いでまっとうしたい。利用者の方にも、そして、亡き妻からも喜んでもらえる仕事がしたいからなんだと思います。

★久田恵の眼

親とかパートナーとか、当たり前のようにそばにいた人は、喪って初めてそのかけがえのなさに気づきますね。そして、深く静かに相手への理解が深まっていく。近藤さんの不在の妻を思う力に突き動かされていくその後の人生の選択に、心が打たれてしまいます。

テニスインストラクター……→ライフサポートアドバイザー

最期まで自宅で暮らし続けたい高齢者をサポートしたい

田中健太（33歳）
SOMPO ケア在宅老人ホーム杉並
（東京都杉並区）

Numéro 63

我が家は父方の祖父と母方の祖父の介護があり、祖母もパーキンソン病になり、家族介護がずっと大変でした。それで大学時代にホームヘルパー二級の資格を取ったのですが、私は学生の頃からテニスをしていて、卒業後はインストラクターとして働いていたので、家族の介護はあまりできませんでした。祖父は尿毒症で、最後の頃は耳や口や鼻から血が流れ出る状態になったのですが、それをヘルパーさんがていねいに拭き取ってくれるのを見て、心を打たれました。それで祖父が亡くなったときに、インストラクターをきっぱりと辞めて、介護の仕

● 介護福祉士。家族の介護をきっかけに、27歳で介護の仕事に。ライフサポートアドバイザー（生活援助員）の資格も取得。

事を本気ですると決めました。二十七歳のときでした。

最初に勤めたのは、地元の有料老人ホームです。そこで六年間働いて、在宅介護の仕事を探しました。働いていたホームでは、本当は自宅で暮らしたいという方が、家族に説得されて渋々入居する事例が多かったからです。

僕が、「在宅老人ホーム」というサービスを知ったのは、転職先を探していた頃のことで、それは「最期まで自分の家で介護を受けて暮らせるシステム」だと聞いて、一も二もなく決めました。「在宅老人ホーム」は自宅で老人ホームと同じようなフルサービスを提供し、在宅生活の限界点を上げることで、意思に反して施設に入居する方を減らそうという構想ではじまったものです。在宅での生活を続けるための生活支援サービスを月額二万円でパッケージ化しています。なにかあればコールを受けて、一キロ圏内のサテライトから自転車でうかがい、必要に応じてサポートをします。家族のいる方もいない方も、老老介護の方も、認知症の方も、最期まで自宅に住み続けたい方の思いを支えていくことを目指しています。

この仕事をはじめて、家で自由に暮らすためには、「できることは自分でやってもらう」ことも大事だと知りました。たとえば、ご家族から薬の管理を頼まれて計画に入れたら、本人がやれると言い張る、やってもらったらできる、そういうことが多いのです。また、今担当している方は、「酒が飲めないと、俺は生きている気がしないんだよ」と言います。在宅介護の仕事をしていると、人は生きたいように生きたいのだという、当たり前のことを実感させられます。人はやりたいことが選べないと、気持ちもどんどん萎えてくるのです。

あくまでも主人公は、ご本人。そのことを支援の側は大事にしなければいけないと思っています。つまり、「あなたに必要なところだけを援助します、一緒に頑張りましょう」というスタンスですね。ヘルパーは利用者さんの、自分がやれることに手を出されるのはいやだという気持ち、ヘルパーさんがいつもいるのはうっとうしいと思う気持ち、それらを理解する必要があると思うんです。

そして、なにより大切なのは、本人が自ら「長く生きたい」と思うこと。それができない場所で長生きしても人は幸せではない。自宅で暮らしたいと望んだ誰もが、最期まで自宅で暮らし続けることができるようになれば、それこそが本当に「介護の革命」だと思います。

★ 久田恵の眼

介護の世界も格差社会。自宅で暮らせないのなら、こんなところで、と思う場所は、高額。「在宅老人ホーム」は、実践できている地域が少ないけれど、いずれ都心の住宅街での必須介護システムになる日がきそうです。

久田恵の眼

魔法を使える人

四国の軽井沢と呼ばれる久万高原。

朝霧の美しくも幻想的な場所である。

そこの小さな介護ホームで働くまだ若い麻紀さんと話していたら、そばにいた同僚が言った。

「彼女ってすごいんです、魔法を使える人なんです」

魔法って？

きょとんとしていたら、勢い込んで説明してくれた。

「たとえば、別の人に席を譲ってあげてほしくて、すみません、お願い、といくら頼んでもそうしてくれない方に、彼女が頼むと魔法にかけられたみたいにすっと譲ってくれる。きっとその人の自尊心に上手に働きかけるツボがわかっていて、それがごく自然にできる人なんだと思います」と。

確かに、介護の現場を取材して歩いていると、この魔法を使える人にしばしば遭遇する。

頑としてお風呂に入ってくれない人、ベッドで眠ろうとしてくれない人、口をへの字に結んで薬を飲まない人……。そんなふうに介護職を困惑させ、半泣き状態にさせてしまう方をたちまちその気にさせてしまう魔法。

相手の心に寄り添って、とよく言われるけれど、相手のほうからこちらの気持ちにすっと寄り添ってくれる、そういう人がいるのである。

「まあ、そうおっしゃるなら、そういたしましょうか」

なあんて言って、不意に心の氷がとけたように、向こうからこちらの気持ちに添ってもらえちゃう人が。

いろんなことがわからなくなっていたとしても、高齢の方が子どもに返った、ということはない。

自分の状況に不安を抱き混乱していると、そのままをためらいもなくすっぽりと受容してくれる天性の人に、ふっと心を預けてほっとしたくなってしまうのかもしれない。

そして、そういう魔法を使える人って、自分では全然、そのことに気づいていないってことが重要なのだと思う。

知りたい！まめ知識 5

介護医療院って知ってます？

介護保険法第８条第29項によると介護医療院の定義とは、「要介護者であって 、主として長期にわたり療養が必要である者に対し、施設サービス計画に基づいて、療養上の管理、看護、医学的管理の下における介護及び機能訓練その他必要な医療並びに日常生活上の世話を行うことを目的とする施設」とのこと。2018年に創設されました。

介護と看護の長期化や、医療的ケアの増加によって、在宅での生活が厳しくなっている現状が背景にあるのではないでしょうか？

老老介護、介護離職など、介護に関する問題は山積していますが、一方、医療的ケアが必要な高齢者は増えています。

老老介護では医療的ケアを家族が担うのは現実的には難しいでしょう。また、働いている世代も仕事と介護の両立は極めて困難になっています。在宅への流れとは、少し違うのかもしれませんが、現状に即した施設ということなのでしょうか？

石川未紀（社会福祉士）

麻布ケア訪問看護ステーション　管理者 **芝崎友香子さんのコメント**

医療と介護の連携が必要とよく言われていますが、これはまさに医療と介護が一体化した施設になると思います。医療的なケアが必要な高齢者は増える一方ですが、それに対応できる環境がまだまだです。老老介護などで医療的ケアが在宅で難しい場合は、この施設は一つの選択肢になると思います。

6

地域や社会を介護で変える希望があります

介護職の人が発言していくことは大切です。

現場で起きている問題や実態を知り、法を立案したり、改定したり、研究したりする立場の方たちに伝えていかねばなりません。

むろん、介護とどう向き合っていくかは、介護職の人だけの問題ではありません。けれど、地域のなかにつくられたさまざまな介護拠点からの発信は重要です。

長寿化のなかで必要に迫られて浮上してきた介護の問題が、これまで失われるばかりだった地域のネットワーク力を回復していく原動力になっていくでしょう。

介護職……→保険会社……→大手介護会社代表取締役
……→地域密着型在宅サービス代表取締役

「ビジネス介護」は性に合わない。地域のために「いいこと、しようぜ」

赤星良平（39歳）
ホームコム
（東京都東久留米市）

Numéro 64

私は高齢者の方々、商店街、地域の皆さんと一緒に頑張っていけたらおもしろいかなと思っています。たとえばデイの開設の際に、こだわったのがカフェの併設です。施設の目の前はスーパーなので、買い物ついでにふらりとお茶を飲みにきていただけたら、うれしいなと。地域には元気なのに行く場所がない高齢者の方がたくさんいらっしゃるんです。「歳をとったら、どうなるか不安」「デイサービスでは、お遊戯をさせられる？」──そんなふうに思ってらっしゃる方も大勢いらっしゃいますよね。でもお茶を飲みに来たカフェで、デイのようすを見ていただけたら、そんな不安も解消されるのではないでしょうか。

介護というと、おむつ交換や食事や入浴の介助というイメージがわくかもしれませんが、これは介護のほんの一部でしかありません。在宅介護サービスは「この町に暮らし続けることを、みんなで応援しようぜ」ということの形です。そこにはドクター、ナース、ケアマネ、ヘルパー、地域の町内会、民生委員、ご近所さんなどみんなが関わります。私は、介護の究極は「町づくり」「地域づくり」だと思っています。目の前の人に、ただサービスを提供すればいいだけの仕事ではないという視点を、特に管理者、生活相談員、サービス提供責任者といった役職についている人は、絶対に持たないといけない。そして業界全体、そして周囲も巻き込んで意識を変えていきたいと思っています。

うちのデイでは、利用者さんと毎日、昼ご飯をみんなで一緒につくって食べているんですよ。メニューも当日の朝、みんなで一緒に考えて、地元の商店に買い物も一緒に行きます。デイは生活の場です。買い物を通して地域との関わりもできることで周囲の見る目も変わってきます。一般的にはまだ介護施設というと、「なにやっているのかわからない、得体の知れないところ」という印象があるかもしれませんが、こうしたイメージも変わっていくと信じています。

介護職は、どういう生き方・死に方をしたいのか、本人の意向を確認しながら

● 在宅介護会社勤務の後、保険会社に転職。しかし再び介護業界に戻り、大手介護会社で代表取締役を務めた後、ホームコム代表取締役に。東京都介護保険居宅事業者連絡会青年部会長、むさしウェルビーイング協会副理事長。

支援していく仕事です。言ってみれば、人生そのものをプロデュースする――そんな仕事ではないかと思っています。人の人生に深く関われること、人生に影響を与える仕事は、そう多くはありません。

また町づくり、地域づくりという視点からとらえると、介護は壮大でおもしろい仕事です。私は本職について今年の夏で三年ですが、地域包括からケアマネ、役所、地元の方々など、みんなで築き上げてきたものが少しずつ形になってきていると感じています。行政が決めた施策を地域に根付かせた例として評価されている取り組みもあり、町の姿を変えたという自負もあります。

今後は、たとえば元気な高齢者の方と、おせっかい隊のようなボランティアを組織化することも考えています。とにかく業界のことをよく知っていただいて、興味を持っていただきたい。私は地域のためにできることは、なんでもやりたいな、そういう気持ちでいるだけなんですよ。

★久田恵の眼

元気な高齢者と介護の必要な高齢者が順ぐりに支援し合える関係をつくることで地域を豊かな場所へと耕していく、それが新しい介護のあり方として共有されていく時代へと確実に向かっているように思います。

特養介護職……→介護離職問題に取り組む勉強会発足……→NPO法人理事

中浜崇之（33歳）
介護ラボしゅう
（東京都世田谷区）

介護職の人たちの思いを伝え合い、支え合う場をつくり、離職率を減らしたい

小学校から高校までずっとサッカー一色。高校はサッカーの強豪校へ進みました。人より努力をした自負もありましたが、全国大会には選手としてピッチに立てなかった。当時は、苦手なことを克服することが努力だと思っていたのですが、自分の強みを活かし自分の勝てる場所で努力して初めて結果が出るということが、いろいろ経験してきた今だからわかります。この経験が介護職に就いた自分の土台になっていると思います。

高校卒業後、理学療法の専門学校でデイサービスに実習へ行くと、お年寄りが

● 介護職の離職率を減らそうと介護に携わる人たちの勉強会「介護ラボしゅう」を立ち上げ、その後社会問題解決型のデイサービス「イデア北烏山」を設立。現在はNPO法人Ubdobeの理事として活躍している。介護ラボしゅう代表。介護福祉士。

Numéro 65

ありのままの自分を受け入れてくれました。そのことがうれしくて、介護の世界へ進もうと特別養護老人ホームに就職。施設で働いて五年目に、「介護ラボしゅう」という定例勉強会を立ち上げました。介護職の離職率は一年目で一〇パーセント。人が定着しないのは現場に問題があるからではないかと考えたのです。介護職の人たちの思いや考えをみんなで共有し、悩んでいる人をなくし、支え合える場をつくり、少しでも「離職率を減らしたい」と半ば勢いではじめました。

やってみるとそもそも話をするのが苦手なのに、目配りしなければならないわ、話を回さないといけないわで、死ぬほどつらくて(笑)。でも「なんとかしよう!」と気持ちを立て直し、さまざまな勉強会に参加してつながりをつくり、ノウハウを学んでいきました。誰かの心に伝わることをすれば必然的に人は集まる——そんな気持ちで発信し続けてきました。

特別養護老人ホームで十年働き、今度は自分の理想のデイサービスを運営したいと思うようになりました。そんな話を「介護ラボしゅう」を通じて知り合った方に相談したところ、社会貢献型の事業をしたいという医師を紹介してもらったんです。話はとんとん拍子に進み、彼(医師)が社長で僕が現場監督(責任者)、それに事業パートナーの三人で「イデア北烏山」というデイサービスを二年前に設立しました。僕は、「社会問題解決型」の事業所をつくりたかった。「社会問題解決型」とは、介護する側もサポートしていきたいということです。以前の職場でよく利用者のご家族が、「もっと朝早くから預かってくれると助かる」とか「夜遅くまで預かってほしい」と要望があったのです。当時、一般的なデイサービスは九時から十七時まで。それだと利用者の家族の出勤に間に合わないし、夜の迎えにも無理がある。そこで、「イデア北烏山」では朝の七時から夜の二十一時までの営業にしました。介護離職を防ぎたいという思いからです。

また昨年からは、「Ubdobe（ウブドベ）」という、福祉や介護の世界の話を世の中に発信していくNPO法人の理事にも就任しました。

福祉や介護の世界って若い人が魅力を感じない現実がありますが、見せ方、発信の仕方でイメージは変わります。ネットやSNSを駆使して、今まで知り合った人たち、出会った仲間の力を借りて、他業種の方ともコラボしながら福祉や介護のイメージを変えていきたいと思っています。

★ 久田恵の眼

福祉の世界には、恩恵（サービス）を「与える」とか、「施す」という価値観が残っています。入居者に声を揃えて「ありがとう」と言わせる施設にも遭遇します。だからこそ、古い価値観に縛られない現場からの自由な発信が輝きます。

福祉の専門学校卒……→フリーター……→介護職

日常生活のなにを手伝うか、それさえわかれば、高齢者の一人暮らしを支えられます

近藤 剛（40歳）
小規模多機能 快杜
サテライト 悠杜
（東京都八王子市）

ホームヘルパー二級は取得しましたが、「就職はできない、今、自分が入ると迷惑がかかる」と思っていたんです。何年かフリーターをやって、そろそろ「社会復帰できなくなると困るな」と思っていたところ、城山病院の通所リハビリテーションに誘われ、「できないって思うだけで、やらないほうが問題あるな」と、二〇〇〇年に入職しました。そこでは「トイレに困っている」と聞けば、自宅に行って動線を確保して、歩き方を練習したり、踏み台をつくったりしました。

介護福祉士、ケアマネの資格を取った後に「小規模多機能へ」という話が出て異動しました。ここは、一日約二十五人の稼働なのですが、利用者の方に必ず言っ

ていることがあります。それは「二十五人の家族ができたと思ってください」ということ。たとえば家族に受験期のお兄ちゃんがいたら、弟に手がかけられないことがありますよね。利用者の方全員を尊重し、欠けることのない支援のためには、ときには譲り合うことも必要です。そのためになにができるのか。それをやりくりして考えるのが、この仕事の魅力であり大変なところです。

ときどき、利用者の方とけんかになることもあるんです。けんかができるのもお互いに愛情があるから。認知症の方も僕が悩んでいると、食事中に気づかってくれて「食べなさい」って、渡してくれたり。認知症状があっても、家で生活することの意味ってすごく高いんです。特に独居の人は、自活できているという自負がすごくあるので、行きたい時間にトイレ行く。失敗しようが、そこで起きる無駄な動きが日常生活動作を維持することに役立っているんです。生活のなにがブツ切りになって、なにを手伝えばいいかを見ていければ、一人暮らしは最高の手段なんです。

生活を邪魔しないように、見守るように訪問して「あ、生きてるね」「今日は好きなこと勝手にやんないでね」って。そうすることで、明日につながる生活があるんです。小規模多機能による支援は一番自然で、肩の力を抜いてできることがいっぱいあると思います。

● 福祉の専門学校を卒業後、介護の仕事には就かず、フリーターに。４年後、誘いを受けて介護職となる。現在は小規模多機能２か所の管理者。

編集者……→仲間と訪問介護起業……→ライター兼ホームヘルパー

介護職は、社会に発言していく勇気が求められている仕事です

森 賀津子（78歳）
NPO法人 ケアサポート ファミリー
（東京都東久留米市）

Numéro 67

一九九七年に訪問介護の事業所を仲間と立ち上げました。子どもからお年寄りまで家族の関係を越えて地域で助け合える組織をつくりたい、と思って。私は小さな出版社で編集者をしていたので、五十代半ばから「二足のわらじ」のこのスタイルがはじまったわけです。

訪問介護の仕事は、奥が深く、たくさんのことを考えさせられます。家は利用者さんがそこの主人だから、「家に来るなー」ってキレることもできる。他人を家に受け入れるのは、なまやさしいことじゃない。介護に入る人は、いいことをしていると思いがちだけど、当人には精神的負担だったりするんです。

思い出深いのは、精神を病んで一人暮らしをしていた元お嬢様。都営住宅に住んでいた方ですが、一人でいることを不安がっていて、「骨もちゃんと拾います、安心して」と言い続けました。それで骨も拾って、お葬式もやって、最期までお付き合いをしました。彼女にはかつて恋人がいて、その方からのラブレターの話などを聞いていると、この仕事はやっぱりいいなあ、と思ったものです。お棺には、ラブレターを入れてあげました。

訪問介護などのヘルパーとの関係があれば、一人で生きて一人で最期を迎えることもできるんです。

「介護保険で生活援助はしません」という方向性になって、介護の重い方は施設に入る。家族のいる人は、介護保険を使いづらくなっています。以前に九十二歳の方で、「病気になったら医療費が高いから大変」と、サプリメントばかりをのんでいる方がいたのです。でも、生活保護を受ければ、医療費が無料になると知って、ホッとしたって。一人で、どん底の貧乏という人は、ヘルパーや事業所とつながっていれば、救済もされますし、骨を拾ってくれる人も出てきます。ただ介護の仕事に埋没しちゃうと、つい制度の問題とか全体的なテーマが見えなくなる。この仕事に関わっている以上は、介護の現場も、制度もいいものにしたい、その思いを強く持ち続けることが大事だと思うのです。

● 通信社や出版社の編集者を経て、NPO法人の訪問介護事業所を市民運動の仲間と立ち上げる。取材ライターを続けながら、地域貢献の仕事を続けている。

銀行員……→高齢者福祉施設介護……→グループホーム起業

「認知症状態にある方」は感情が際立つ。その姿に、人間ってすばらしいと思う

林田俊弘（49歳）
ミニケアホームきみさんち
（東京都練馬区）

Numéro 68

――一九九九年に東京都練馬区に「ミニケアホームきみさんち」を開設して以来、六件のグループホームを開設しました。私は「介護職」という言葉はあまりつかってなくて、一生懸命にチャレンジしようとしている人を支える仕事、一義的には支援者だと思っています。それは、介護という言葉には、「助ける」「守る」といった意味合いが強すぎると感じているからです。

私は入居者さんと過ごすときに、楽しいだけではない「なにか」を感じずにはいられません。認知症状態にある方は、人間の本質にあるいい面も悪い面も、感情的な部分が際立つんです。泣いたり怒ったりする姿を前に、もちろんなんとか

してさしあげたいと思うのですが、でもその前に、こんなに悲しくなれる人間ってすばらしい、かけがえのないものだと心から感じるのです。だから私は、この仕事がたまらなく好きなんだと思います。

また、私が「認知症状態にある方」と、あえて言い続けるのは、その人のすべてが認知症なわけではないからです。その時々の状況や環境、過去の記憶が明確ではないだけで、本質的には人間として逸脱しているわけではないのです。周りの環境が整わない、もしくは自分が適応する能力が奪われているから浮いて見えているだけです。先日、うちの職員がうれしそうに「もう、（入居者さんに）ふり回されてます！」と言ってきたんです。「そうそう、それでいいの」って、思わず笑みがこぼれてしまいました。すてきですよね。「ふり回される」ということは、主体が入居者さんにあるということで、とても正しいことなんです。

この仕事を志す人には、想像力を持ってほしいと伝えたいですね。大変な思いをしながら排せつ介助をする仕事ではなく、入居さんの人となりのイメージを膨らませることで、豊かさを得られる仕事だということを知ってほしいんです。その方の可能性はどこにあるのかと想像し、さらに「その可能性を阻害するリスクはなんだろう？」と考えられるようになれば、この仕事のプロだと言えるのではないでしょうか。

● 有限会社自在取締役社長。6か所の認知症対応型グループホームを経営する一方、東京都地域密着型協議会副代表も務める。

幼稚園教諭……→主婦……→介護職

訪問介護事業所は利用者とヘルパーが出会う、かけがえのない地域の拠点です

北川美紀（55歳）
NPO法人　むすび
（東京都練馬区）

下の娘が小学校に入ったくらいに、人の役に立てることはないかな、と考えるようになり、生協の仲間に「お薬を取りに行くお手伝いっていうのもあるよ」と教えてもらって、「むすび」に関わるようになりました。「むすび」では、訪問介護と居宅介護支援のサービスをやっていて、ヘルパーさんたちのスケジュール管理が私の主な仕事です。うちのヘルパーさんたちは、よく事務所に来て「こんなことがあった」と話してくれる。それがすごく大事で、他愛もないことで笑ったり、情報交換をしたり。あるヘルパーさんが、利用者さんに怒られたというときも、「こういうふうに言ったら？」などお互いにアドバイスをし合って、助け

Numéro 69

合える場所になっているんです。

介護保険も制約が複雑で、できることとできないことなど利用者さんも理解が難しいところ。訪問介護は利用者さんと一対一で、その場で判断することが多いので、たとえ間違っていても報告さえしてくれたら、事業所としても利用者さんに説明ができるし、ヘルパーさんへのフォローもできます。事務所での仕事もありますが、私は現場のほうが好きなんです。利用者さんがちょっと元気になったかな、って。そういう小さな幸せを感じるのがやりがいですね。

大きな病院で看護師長だった女性のケアに入っていたとき、看護職としてのアドバイスなど、すごく勉強になっていたんです。私たちヘルパーを叱咤激励して育ててくださったような方でした。体があまり強くなくて、思いがけずお亡くなりになられた。今も、その方の家の前を通るんです。いつも心のなかで合掌しながら「頑張る！」とか思って。そういう別れを経験すると、命に関わるような仕事なんだと実感します。医療的なケアも任せっ放しではなく、高齢者ならではの病気など、なにも知らないのはダメだと、病院の先生などに来ていただいて、研修もやっています。介護職だって専門職、もうちょっと勉強しようよ、って。

これからは人を育てていく楽しみを感じながら、介護の人材が増えるような活動をしていきたいと思っています。

● 前職は幼稚園教諭。練馬区光が丘を拠点に、生協の主婦たちが立ち上げた訪問介護と居宅介護支援の「むすび」に関わり、ホームヘルパー２級を取得。現在はサービス提供責任者。

外郭団体職員……→病院職員……→小規模多機能型居宅介護管理者

介護の世界はミラクルで、失恋の衝撃も吹き飛ばされてしまいます

大野由美（43歳）
介護支援サービスしろもと
小規模多機能ホーム・メサイア
（愛媛県久万高原町）

二十六歳のとき、付き合っていた彼と結婚しようとした寸前、大失恋をしました。それは、私には衝撃的な出来事で、立ち直るには相当なことが必要でした。それで、「違う世界を見たい！」と飛び込んだのが介護の世界でした。

そこは病院で脳梗塞の後遺症や認知症の方とかのケアでした。十六歳の脊髄損傷の男の子がいて、彼が枕のそばのボタンをあごで押して呼ぶのですが、呼ばれても行けないことがあったら、彼が叫んだのです。「僕を殺すんですか！」って。彼にとって、呼び鈴は命綱。ケアする側のミスで、「この子を殺す」ことになるのかって。私の失恋の衝撃など、一気に吹き飛んでしまいました。

Numéro 70

三年後、私は結婚し過疎の町に引っ越し、年子で子どもが生まれました。そして今の事業所から「一か月だけでいいから手伝って」と声がかかり、それからずっと、続いています。それは先輩のKさんがいたから。彼女がそこの管理者だったことが決定的。この過疎の町で介護サービスの事業を立ち上げた先人、社長や先輩にすっかり洗脳され、特にKさんが私のすべてになっちゃったのです。その魅力は、一緒に働いているだけで、知らず知らずに学んでしまうという、一つひとつは小さいことなんです。

利用者の方のどんなことにもすぐ気がつく、それってその人のことをちゃんと考えているからできることで、ぶれない信念がそこにあるのです。しかも、ここが働きやすいこともすごいのです。家庭の事情を聞き細かくシフトを組んでくれる。すごい配慮で、私が働きに行っているということを、子どもは小学校五年生まで知りませんでした。職員にとっても環境がいいところで働けてよかった、という感謝があれば、利用者さんにも親切に優しくなれるのです。

ともあれ介護の世界は、ミラクル。その人その人で世界がある。「こうすべき!」じゃや、全然ダメ。さらに介護の仕事はいろんな分野があるので、関心が高まりどんどん勉強もしたくなりました。仕事を通して自分が変わっていったと自覚できることが、この仕事のすごいところです。

● 愛媛県の外郭団体の職員から介護の世界へ。現在過疎の町、久万高原町の小規模多機能ホームの管理者。

有料老人ホーム生活相談員……→不動産業……→介護サービス会社
……→老人ホーム紹介センター起業

介護とは、ご近所さんの助け合い。地域のトータルサポートの仕事です

木田祥太（33歳）
シルバーワン
（東京都西東京市）

大学卒業後、大手介護付き有料老人ホームに生活相談員として就職しました。三年半勤めましたが、介護以外の仕事をしようと不動産業に飛び込みました。大学生の頃から介護施設を建てる夢があったのでその勉強になると思ったのと、営業では不動産が一番過酷だと思い、自分を試してみたい思いもありました。その後、大手の介護サービス会社に入社し、二年勤めた後起業し、地域介護相談センター「近所のよしみ」を運営しています。

「近所のよしみ」を始めたのは、現状があまりにひどいと思ったからです。老人ホーム紹介センターは介護施設が紹介センター側に紹介料を払う仕組みなのです

が、どうしても入居者がほしい施設が、今月は紹介料を倍にしますということがあるのですね。入居される方やご家族は終の棲家を探しているのに、悪徳紹介会社へ行ってしまうと、紹介料の高い施設を紹介されてしまう。冑ろうも知らない営業マンの口車に乗ってしまい、不本意な施設で暮らすはめになることも。

施設を選ぶ基準も「応対した施設長や紹介者がいい人そう」だとか、「施設がきれい」などということで判断するのではなく、数字をきちんと「見る」必要があります。たとえば、ある介護付き有料老人ホームは、年に一回入居者やご家族を集めて運営懇談会を開きます。運営懇談会では、施設の「職員配置」「現在の入居者状況」「年間イベントと勉強会の報告」「事故、感染症報告」についての報告や、さまざまな質疑応答が行われます。しかし、その議事録資料を見ると施設の問題点が見えてきます。特に注意すべき点は職員の離職率です。厚生労働省の資料と比較し、それより多ければ施設運営がうまくいっていないことになります。

昔は損得考えず、ご近所さん同士でお互いに助け合っていました。地域福祉とは、困っている人がいたらその人が自立した生活ができるようになるまで、さまざまな福祉や地域住民の支援を使い、幸せな生活を送ってもらって助け合うことです。そのような地域福祉を実現させるため「近所のよしみ」として支援しています。

● 大学卒業後、介護付き有料老人ホームに生活相談員として就職。転職後、老人ホーム紹介センター「シルバーワン株式会社」を起業。代表取締役を務める。社会福祉士。

コンサルティング会社……→フランチャイズビジネス……→デイサービス起業

「介護業」ではなく「地域力再生業」を目指しています

岩崎智之（39歳）
おとなりさん。（東京都西東京市）

私たちの会社はいわゆる普通の「介護業」とは考えていません。私たちは、「地域の方々と共に、地域のために」を理念に掲げ、「地域力再生業」として活動しています。時代の流れと共に、断ち切れてしまった「人と人とのつながり」を、経済面の課題も解決しながら、どのように再構築していくかがテーマであり、その核となるのが、農業（農作業）だと考えています。

私が介護業界をおもしろいと思ったポイントは三つありました。まず「事業として成り立ちやすい」ということです。介護業界は大手がシェアを独占しているわけではありません。つまり、やり方次第で勝ちやすい業界だということ。マー

Numéro 72

ケット的にも二〇四〇年頃までは拡大傾向です。次に「介護離職の問題」。介護を仕事にしてしまえば、仕事をしながら親の介護にも活かせて一石二鳥ですよね。そして最後は「地域づくり」です。母が農家出身で、食や環境の安全性にはとても気を使って私を育ててくれました。それで土壌汚染や環境問題なども含め、足元の地域づくりに自然に興味がわきました。

私はこの三つのポイントと、フランチャイズビジネスで培ったノウハウをつなげたいと考えました。高齢者も、子どもも、障害者も、子育て世代も、シニアも、みんながうまく成り立ち、お金が循環する仕組みを持った地域を、事業を絡めてつくっていけたら。それを再現性のある形にして全国に広げられたら、国や世界さえも変えられる――フランチャイズビジネスの考え方です。そして三十二歳で独立し、デイサービス「おとなりさん。」を立ち上げました。

今後は、農地でとれたものを使って飲食事業を展開し、それを地域コミュニティとして発展させて、シニアや障害者の就労の場にもしたいと考えています。サービス業で一番難しいとされているのが旅館業ですが、介護職にはさらに医療、介護、福祉の知識と見識が求められます。さらに目の前のお客様だけでなく、周りの関係者の満足も考えなくてはいけません。介護職を極めたら、ほかのどんなサービス業もこなせる実力が身についているはずですよ。

● 東京と福岡で計6か所展開するデイサービスの代表取締役。西東京市農地保全協議会会長、ノーマライゼーション西東京の会会長、むさしウェルビーイング協会会長なども務める。

介護職員……▶手話通訳のできるケアマネジャー……▶NPO法人事務局長兼支援員

介護は人の人生に寄り添うことで自分の人生とはなにか？　を突きつけられる仕事

武藤洋一（34歳）
NPO法人にいまーる
就労継続支援B型　手楽来家（てらこや）
（新潟県新潟市）

Numéro 73

中学二年のとき、職場体験で地元のパン屋さんで実習することになりました。そこで出会ったのが、耳の聞こえないパン職人のご夫婦でした。聴覚障害の方と初めて会って、「聞こえない世界」があることに衝撃を受けました。当時私は十五歳でしたが、さっそく地元の手話講習会に通うことにしました。講習会は三か月という短いもので、自動的にそのまま手話サークルに入会。そこで、講師で来ていたのがあのパン職人のご夫婦でした。今から思えばご夫婦との再会が、自分の原点となる運命的な出会いでした。

大学の二部社会福祉学科に入学し、大学四年のとき、聴覚障害者の施設へ社会福祉現場実習に行きました。そこで、聴覚と精神に障害のある在日中国人の方と出会いました。その人は簡単な手話しかできず、日本語もできず、簡単な意思の疎通しかできていませんでした。「共通言語」を持たない人がいることにおどろき、そんな人を支援したいと強くひかれたのを覚えています。そのとき、「聞こえない老人ホーム」の存在を知り、もっと深く勉強したいと大学院へ進学しました。

大学院での研究テーマは「聴覚障害者老人ホーム（ろう老人ホーム）の建設運動」。日本には「聞こえない高齢者のための特別養護老人ホーム」は九か所しかありません。そこには、社会福祉士や介護福祉士、手話通訳士も取得したスペシャリストが数多くいるのです。

大学院卒業後は介護保険のショートステイ事業所の相談員兼介護職員として就職しました。二十八歳のとき、手話通訳士に合格。この頃は、仕事は介護、ライフワークは手話通訳とわけて考えていました。社会福祉士と介護福祉士の資格はすでに取得していましたが、その後、介護支援専門員に合格。多くの福祉・介護業界の社会起業家との出会いや全国で働く聴覚障害関連施設の先輩方との出会いがあり、気づくと手話通訳と介護をミックスさせた「手話通訳のできるケアマネジャー」として自分らしい働き方を獲得することができました。

私の担当している高齢の聴覚障害者のなかに「未（不）就学ろう者」がいます。

●中学の職場体験で聴覚障害の夫婦と出会ったことが介護の道に進むきっかけとなる。28歳で手話通訳士に合格。手話通訳のできるケアマネジャーとして自分らしい働き方を獲得した。介護支援専門員、手話通訳士、社会福祉士、介護福祉士。

「未（不）就学ろう者」とは、義務教育が開始された一九四八年以前に生まれた聴覚障害者で、教育を受けることができず、また受ける権利をはく奪されて育っているため、手話での会話もままならず、文章などの理解が難しい聴覚障害者のことです。私たちが生活していく上でのルールは、ふつうに生きていれば自然と身につくものですが、義務教育が受けられず、耳が聞こえないために情報も入ってこないろう者にとっては、生きていくことは本当に過酷なのです。

高齢の聴覚障害者と接することで、あらためて「生きる権利」について考えさせられました。介護の仕事って、人の人生に寄り添いながら、自分の人生を突きつけられているように感じます。だから、自分の人生をふり返り、自分の人生に活かすことができる。こんな仕事ってほかにはないですよね。これからくる未来に触れて変えていくことができる、そんなすばらしい可能性を秘めた仕事なのです。

★久田恵の眼

「聞こえない」パン屋さんとの出会いが、二十年後の介護の現場に一人のユニークな介護福祉士を送り込んだという美しい人生の展開ですね。福祉の世界はこういう方たちの手によって深められ、展開されていくのだという思いに心が打たれます。

介護職……→社会福祉事業施設長

自治体にも働きかける実行力が求められる仕事です

入江祐介（43歳）
パール福祉総合プラザ（東京都渋谷区）

元気な高齢者のためのサロンや共働き家庭の支援として、「子ども食堂」もはじめました。理事長の理念は、「地域の〈困った〉を断らない」ということ。高齢者でも子どもでも、当たり前の生活の権利を支援することが、我々の仕事のコンプライアンスです。区に働きかけ新しい制度をつくることも進めています。

●社会福祉法人パールの施設長。新卒から勤め上げ、キャリアアップを図る。渋谷区地域福祉サービス事業者協議会事務局長も務める。主任介護支援専門員、社会福祉士、介護福祉士。

Numéro 74

新卒……→ずっとホームヘルパー

清潔に暮らすことを支えるだけで人は前向きに生きはじめるのです

横山正彦（25歳）
ケアリッツ代々木（東京都渋谷区）

引きこもりの男性高齢者がドアの外にも異臭が漂う状態となり、近隣から苦情がきたことがありました。その方の意思に寄り添い、暮らし方の提案をするうちに、一年後には見違えるような姿に。花を見て、「きれいだな」という話も出て、そうした感情を残していてくれていたことも、うれしかったですね。

●大学在学中に簿記、ファイナンシャルプランナー資格を取得。金融業界を目指すが、妻との出会いをきっかけに、新卒で訪問介護の道へ。

Numéro 75

Numéro 76

新卒……→特養介護職……→デイサービス管理者

特養での経験が自信になりました。地域に貢献できる存在になりたい

鈴木賢仁（31歳）
デイサービスセンターえみふる（新潟県柏崎市）

高卒で特養に入り戸惑いもありましたが、なんでも体験でき、自信につながりました。今の事業所は町の中心地なので、地域の皆さんが介護技術を学べるイベントを開きたいと思っています。介護について、この地域でなにができるか、僕たちになにが求められているか、日々考えるのが楽しいんです。

●特養から、介護付き有料老人ホームえみふるの介護リーダーへ。その後同系列のデイサービスの管理者。

新卒……→ずっと介護職

介護の必要な方に自宅のような居心地の場所を提供するのが仕事です

吉江美紀（30歳）
介護付き有料老人ホーム「ばらの庄」（神奈川県川崎市）

地元で育ち、地元で就職しました。まだまだ、悩んだり迷ったりすることもありますが、日々奮闘中です。自分の家にいるように暮らしてもらいたいので、気を使ったりせず、私のことも孫みたいに思ってくれたら、本望。だから「ちょっと、吉江ちゃん」と呼ばれたりすると、すごくうれしいんです。

●福祉系大学を出て、新卒で入社、介護福祉士。居心地がよく、地元の人にも愛されるホームにするのが夢。

Numéro 77

7

難しいことが自然にやり遂げられている場所です

高齢になって誰かの介護を受けるようになる、ということは、人がこの世に生まれ、学び、働き、家族をつくり、子どもを育て……というふうにそれぞれの人生を生きていくことの先にあるフツウのことです。介護はそのフツウのことをサポートする仕事です。

けれど、社会の価値観が時代と共に変わり、システムが変化していくうちに、フツウのことが特別なこと、大変なことにどんどんなっていきました。でも、そのとんでもなく難しくなってしまったことが、自然にやり遂げられている介護の現場が、実はたくさんあるのです。

そのことに気がつくことは、大事です。その気づきこそが、介護の現状を変えていく力になります。

看護専門学校卒……→ずっと看護師

定員五人のフツウの家で、ナースと一緒に暮らすっていいんじゃない？

佐久間洋子（56歳）
ナースさくまの家
（東京都三鷹市）

病院は今、長期間滞在ができないし、介護施設は満床。医療対応があると断られたりする。でも家族がいないとか、在宅で点滴や吸引の医療行為が必要だとなると、みんな切羽詰まってしまう。そんな方に向けて「ナースと暮らすシェアハウスっていいんじゃないの？」と思って、立ち上げたのが二〇一三年に開設した「さくまの家」です。この家に来る方の事情は千差万別、一人ひとりにさまざまな事情と展開があります。

ここは、フツウの住宅街の真ん中にあるフツウの四ＬＤＫの二階建ての家。二

Numéro 78

階の三部屋を介護室にしていましたが、結局、常時見守りの人がいるので、一階のリビングと和室にもベッドを入れて、目下定員五人。私は自分の部屋にいたことがなく、リビングのテーブルの下で寝たりしています。

「プライベートがなくていいの？」とか言われますが、私にはそれがなんぼのものかって感じ。点滴したり、胃ろうやったりしているなかで、ご飯をつくって食べて、お風呂に入ったり、ビールを飲んだりして好きに過ごしています。入居者には、各自、ケアマネさんがいて、ケアプランを立ててヘルパーさんを頼んだりしていますから、いろんな人が毎日出入りしてにぎやか。私って雑多ななかでの日々が平気な人なんです。

私には、介護や医療に対して特別な考えがあるわけじゃないです。看護専門学校を出てから三十三年、ずっと看護師で、救急病棟にもいたし、訪問看護もやっていたので、看護師であることが日常そのものなのです。ただ、病院で働いていたときから、絶対患者さんの味方でいたいと思っていて、それだけは今もブレたくない。痛みで苦しんでいたりすると、和らげたいと思う。テーブルの下で夜寝ていて、咳とか痛がる声とかを聞くと、こちらは看護師だから、即、病気と照らし合わせて考える。その方に認知症もあったりして、病院では痛みが見つかっていないけれど、実はそうじゃないんだな、とかわかったりするんですね。

● 看護師。2013年に、医療行為対応型シェアハウスの「ナースさくまの家」開設。現在は、家長を務める。

昨年看取った方で印象深いのが、退院してきて一週間で亡くなった方です。悪性リンパ腫で、食事も全介助という状況の方でした。病院で死ぬのはいやだ、と言って来られたのですが、具合が悪くなっていて、血圧も低い、熱も出ていました。その方に、「食べたいものは？　大とろ？　中とろ？」なんて聞いたら、「それを食べるなら酒もほしいな」と言うのです。そのことを息子さんに伝えたら、彼がぶりシャブの鍋をやりました。「父が、ぶりを十切れも食べた」って、息子さんがうれしそうでした。そんなようすに、本人は、もうここで静かに死にたいと思われているのだな、と感じました。そのうち家族の方も次々来て、亡くなる前にお風呂に入り、もう今日かなあ、という日に、ビール飲みたいと言って飲んだんです。みんなに介助され、亡くなる二時間前までお酒を飲んでいましたね。彼はピアニストだったので、亡くなった後、奥さんがタキシードを着せたいと言って、子どもたちがそうしてあげて、その姿がすごくね、かっこよかったです。

★久田恵の眼

佐久間さんは、看護師としてのキャリアもすごい。訪問看護ステーションの所長だったり、老人保健施設三鷹中央リハケアセンター看護介護科科長だったり。言葉ではなく実践されているその姿が、固有の介護や看護観を現しています。

不動産業兼ボランティアなど……→デイサービス起業

「観察上手は介護上手」です。人を見て知ることで介護の思いが達成できる

瀧本信吉（68歳）
元気な亀さん
（埼玉県坂戸市）

十八歳のときに大分から出てきたんです。それで、自分の思いを達成できるなと思って飛び込んだのが「人の支援」だったんですね。不動産業界で働きながら、ボランティアや里親をやっていましたが、三十七歳のときに「自分ではじめてみるか」と。絶対にこういうことが必要な時代がくると思っていました。

一九八六年の九月に、自宅を開放してデイサービスをはじめました。あるとき、支援していたおばあちゃんが、病気になって入院したんです。退院できても一人では暮らせない。それで宿泊できる場所も必要だと、急遽土地を探しました。土

● 高卒で上京。数々の職業を転々とした後、働きながら人の支援に関わり、37歳でデイサービスを立ち上げる。民間福祉施設「元気な亀さん」グループ代表。

Numéro 79

地はなんとか買えたけど、建物はお金がかかる。そんなときに、前職で懇意にしていた工務店の社長が、融資をしてくれたんです。それで建物も建てることができた。その後もなにかあると、いろいろな人のつながりで助けてもらいました。一つの事業をはじめようとすると、運や自分の努力ではかなわないものがあります。周りの人がどれだけ応援してくれるか、それは非常に大事なことだなと思いましたね。だから決して自分一人でやってきた、というようなことは言えなくて、人から逆に支援されてきたということですよね。そういう人たちを裏切っちゃいけないから「その分、心が通い合ういい介護をしよう」って。

利用者の方は、お年寄り、青年や学童など一日平均二十三〜二十五名。うちは、どんな症状の方でも受け入れます。来た当初は、みんな問題を持っている。それも決してその人が悪いわけじゃなくて、その人なりの自己表現なんです。すんなりここに来て、問題もなく打ち解けていく、なんていうことはまずないんです。だけどここで居場所が見つかると、みんなおだやかになっていく。そこにたどり着くまでには、すごいドラマがいっぱいあるんですよ。そういうものが積み重なって、「ああ、この仕事からは離れられないな」と思いますね。

自分がやってきたなかで「観察上手は介護上手」というものがあるんです。目的を持って観察すると見えてくるものがあります。喜び一つ、悲しみ一つ、そういうこと自体が一人ずつ違う。十把一絡げでその人を見るんじゃなくて、その人を知ることから。その人だって、全然知らないところに、しかも知らない人のところに来るんだから、不安でいっぱいなんですよ。なにに困っているのか、なぜ困っているのか、それを知るために、相手をよく観察をすることが大事だと思います。

　スタッフには、勤続年数が三年を超えたら、リーダーになる資格を与えます。リーダーは毎日順番で変わって、その日のリーダーが、スケジュールなども含めて采配を振るうんです。「出番」をつくることが、利用者の方にとっても、スタッフにとっても大切なんですね。スタッフのなかには心の病を抱えていたり、さまざまな状況で働きに来ている子がいます。だけど「自分を変えたい」「今までの自分から脱皮したい」そういう気持ちさえあれば大丈夫なんです。

　やっぱり私は二十四時間三百六十五日、高齢になっても経営者であり事業者であり続けたい。「元気な亀さん」は、死ぬまで私の一部なんですよ。

★久田恵の眼

言葉にしなくても、「ここに居ていいんだ」と誰もが思えて安心できる場所、そんな場所をつくれる人はそうはいません。天賦の才のある不思議な人。でも介護の世界を歩いていると、そういう人に出会うのです。

大学学部長秘書……→社会福祉法人職員……→デイサービス介護職

介護の仕事って、相手の方の人生最後のお友達になることだと思うんです

木藤宗子（72歳）
デイサービス 凛
（東京都杉並区）

ある社会福祉施設の理事長で、当時すでに八十代半ばの女性から「これからは高齢化社会。あなたはまさにその時代を生きていかなければならないから、実習のつもりでうちの施設に来ない？」って。それで飛び込んだのです。

施設の事務職や併設の母子寮を経て、一九九四年に新設されたデイサービスに異動、初めて介護の現場の仕事に就くことになったのです。私自身、車椅子すら押したことがなく、まったくの素人。資格のある人や福祉系の学校を出た人たちのなかで、歳は上ですけれども身の置きどころがない感じでした。初めて高齢者と接することにも大きな戸惑いを感じ、「いやだ。辞めよう」と考えていました。

Numéro 80

そんなある日、重度の認知症の女性がトイレで立ち上がったときに排便をしてしまったんです。私はとっさに自分の両手を出していました。次の瞬間、なま温かいものがどんどん手の上に……。なんだか妙な気持ちになったのです。大げさに言うと、今はおばあちゃんになったこの女性の「いのち」を感じたんです。

私がしゃがんだ姿勢のまま見上げると、いつもは単語の連発で会話が成立しない方が、「子どもなんか育ててもしょうがないけどね、育てながら自分も育てられるんだよ」って言ったんです。すぐに言葉が出なかった私は、そのまま視線を交わしているうちに涙が出てきたんです。この方にもオギャーって生まれて、戦争中に大変な思いもして、華々しく輝いている時代があって、今、人生を終わろうとするところに来ているんだと思ったときに、「育てることは育ててもらうこと」と。この方が八十数年生きてきた哲学なのではないか。毎日逃げることばかり考えていた自分の心を、「考え直しなさいよ」と言われた気がしました。

介護の仕事は、自分になにかを気づかせてくれ、心を育ててもらうすばらしい仕事だと思う。特にデイサービスのスタッフはこの世の中で生きていて出会う、最後のお友だちなんです。毎日がこの人と最後の一日という思いで、この仕事に関わってきました。私もいろいろあったけど、「生きてきてよかった」と感謝の心で息を引き取れることを理想としています。「終わりよければすべてよし」です。

● 秘書職の傍ら夜間にジャーナリスト専門学校に通う。スカウトされる形で社会福祉法人に入職。福祉系専門学校創設に関わり、デイサービスに異動し、初めて介護職に。レクリエーション介護士。介護福祉士。

老健介護職……→宅老所起業

支えているようで実は支えられている仕事。みんながありのままでいられる場所であればいい

石井英寿（40歳）
宅老所　いしいさん家
宅老所　みもみのいしいさん家
（千葉県千葉市・習志野市）

Numéro 81

最初は養護学校の先生を目指していました。大学で中田光彦さんを知り、読んだ本に「老人ホームで居酒屋や海に行ったりして笑顔が引き出せる」とあって、「楽しそうだな、介護をしよう」と進路を変えました。老健に八年勤めました。僕はそこで育ててもらったし悪く言うつもりはないけれど、なんだか薄っぺらかったんですよ。お風呂に入れた人数を自慢したり、おむつ交換はていねいさよりも速さを競ったり。自分の目指す介護とは違うと、独立を考えるようになったんです。それから「ひぐらしの家」という宅老所に通って、独立のための勉強をしました。ふつうの家にお年寄りと子どもがいて、日課がなく、笑いながら

過ごしている空間があって「これだ！」と思ったんです。

二〇〇六年に民家型デイサービス「いしいさん家」をはじめました。その後に僕の自宅を開放して、まだまだ動ける人、若年性認知症の人たちのための「働けるデイサービス」をつくりました。障害のある子どもたちの遊ぶところがないので、日中一時支援もはじめました。母子家庭や働きたいママたちを応援したかったのもあって、スタッフは子連れで来る人もいます。引きこもっていた人、精神疾患を持っている人、外国人もいます。

認めてもらえる場所は、誰もが必要だと思うんです。「ここにいていいんだよ」「あなたは存在の価値があるんだよ」みたいな。許し合ったり認め合ったり、そのなかで輝けるのかなって。認知症状の深い人もなかなか理解してもらえず、排除されがちなんですね。でも本人にしてみたら、過去に戻っていたり葛藤していたり、なにか理由があるんです。相手目線でこっちの見方を変えれば、関わり方も変わる。相手も変わってくる。介護って相関関係なのかなと思って。子どもたちもここで自然に「老い」と「死」を学び取る。障害のある人に対しても、偏見がなくなる。やっぱり環境なんだと思うんですよね。生きづらい世の中だけど、前を向いて行こうっていう気持ちになれるように、いろんなことを通じて発信できれば。たんぽぽの綿毛のように広がっていったらうれしいなと思っています。

● 民家型宅老所「いしいさん家」「みもみのいしいさん家」代表。大学卒業後、老健で8年間働くが、自分の目指す介護とは違うと思い、独立。民家で日課のない宅老所をはじめる。

専業主婦……→介護職……→介護施設取締役・副管理者

ジジとババたちがイキイキすると、私の心のダイヤモンドが輝くんです

小池みゆき（52歳）
小規模多機能型居宅介護おたがいさん
おたがいさんサテライトいどばた
（神奈川県藤沢市）

Numéro 82

子育てが一段落した四十歳になった頃、そろそろ働こうと思い、求人広告を見ていたら介護職の求人が載っていたのです。話だけでも聞いてみようと連絡したことが、介護の世界に入るきっかけでした。

施設ではさまざまな行事が行われますが、その一つが運動会。内心、ヒヤヒヤしながら見守っていますが、眠っていた闘志のようなものが呼びさまされて夢中になっているお年寄りを見ると、続けていくべきだと。危険だからと止めるのではなく一番大切なことは利用者さんの「やりたい」という気持ちだと思います。

「やりたいこと」の資金は、利用者の皆さんが稼いでいます。施設内で年に三、四

回行われる大きなイベントの一つ「いどばたガレッジセール」にみんなでいろいろなものをつくって販売しています。一個二百〜三百円程度のものなんですけど、一回のイベントで二〜三万円の売り上げがあるのです。それをプールしておいて、みんなが、やりたいことに使っています。先日外出したときも「高級アイスクリームを食べよう！」ということになって、アイスクリーム屋さんにお年寄りがズラッと並んで（笑）。私たちスタッフも、ジジとババの稼いだお金でご相伴にあずかって。別の日は、ファミレスにおやつを食べに行ったりなど、みんながやりたいことをやるために、そのお金があるわけなのです。

ここは認知症の方が多いのですが、認知症に対する関わり方というのではなく、その人との関わり方が重要と考えています。まずは、その人を理解する、ちゃんと見るということですね。利用者さんには「ああ、楽しかった」「また、来たい」という気持ちになって帰ってほしい。それには不安にさせない。「みんな、あなたの味方なんですよ」と、言葉や態度に出していくということを心がけています。

これが仕事という意識もないですね。一日が終わり、みんなが帰ってしまうとつまらなくなってオフモード。ジジとババたちは私の生きるモチベーションなのです。ジジババたちと共に歳を重ね、自分も最後まで「いどばた」の一員でありたいと願っています。

●たまたま見た求人になぜかひかれて介護の世界へ。子連れOKな職場で育った末娘も、母と同じ職場に就職。高齢者向け介護福祉サービスあおいけあ取締役・副管理者。

新卒→介護職→特養副施設長

入所したら「おむつ」になっちゃう……。そんな世界を変えるために私は介護職になった

坂野悠己（37歳）
総合ケアセンター 駒場苑（東京都目黒区）

大学生のとき、時給のいいバイトがあって、それが特養でした。全員ベッドの上でご飯を食べる。基本的にベッドから起こしちゃいけなくて、入所と同時におむつになるんです。そのおむつをかたっぱしから替えるというのが私の仕事でした。朝昼晩以外の交換は禁止、元気な方が起きてくると危険行為だとみなし、手首をベッドの柵に縛っていました。腹が立って納得できなかったので、施設長のところに行ったんです。「この状況はおかしい。変えたほうがいいんじゃないですか?」と。でも改善しないので言い続けていたら、一か月でクビになりました。それでこの世界を変えるために、この仕事をやり続けようと思ったんです。

Numéro 83

その後、入浴介助で入った特養は、お風呂が全員機械浴。怖がっている利用者の方もいて、大きなお風呂があるのだからふつうに入れそうだと、何度も提案したんですがまったく聞き入れてもらえず。それで機械浴がこわれてしまえばいいと思い、夜中に忍び込んで機械浴のコードを切って、作動しないようにしました。次の日は大さわぎでしたが、二人で介助すればふつうのお風呂に全員入れたんです。でも私がこわしたことがバレてクビになり、さらに次の特養でも結果的に同じことをしてしまいました。「ふつうのお風呂に入れてあげたい」という動機だとしても、よくなかったと反省しました。

頭を冷やして勉強し、資格も取ってもう一度特養にチャレンジしようと、有料老人ホームで二年働いた後、横浜の特養に移りました。施設のケアを変えられる立場になろうと、フロアリーダーにさせてもらい、権限を持った上で「おむつをやめよう」「機械浴をやめよう」という取り組みをはじめていきました。

駒場苑に移って九年、実施している七つのゼロ（おむつ、機械浴、誤嚥性肺炎、脱水、拘束、下剤、寝かせきり）は、私が最初にいた施設で全部あったことです。今も近いことをしている施設はある。だから駒場苑で発信をして、広めていきたい。プラスというよりはマイナスをゼロに。駒場苑でも維持していきたいし、いろいろな施設にも変わってもらえたら。それが一番のやりがいです。

●大学在学中に偶然アルバイトで関わるようになり、介護の世界へ。現在は総合ケアセンター 駒場苑の副施設長として活躍。さまざまなセミナーも幅広く受け持っている。

新卒 → 介護職 → 宅老所起業

介護とは、失ってしまったふつうの生活を、一緒に取り戻すいのちの場です

小林敏志（34歳）
宅老所 はいこんちょ
（栃木県鹿沼市）

Numéro 84

高校生のとき、ドラマの『Beautiful Life ～ふたりでいた日々～』（TBS、二〇〇〇年）を見て、介護の道に進みました。卑屈になっている車椅子の女の人を、主人公がどんどん外の世界に連れ出していくんです。正義感からではなく、自然体な姿がかっこいいなと思って。短大を卒業後に、老健に勤めました。認知症の利用者さんを転倒・骨折させてしまったことがありました。急に方向転換させちゃいけないという介護ができず、それを自分のせいじゃないとしたかった自分。その現実を受け入れるまで、長い時間がかかりました。

その頃、生活とリハビリ研究所の三好春樹さんを知ったんです。三好さんは「食

欲のないおばあさんにうな重の出前を取るというケアの方法論は悪くない。自分に置き換えて生活の場から介護を考えることが大切」と言っていて、すごく勇気をもらいました。これなら僕にもできるかなって。不必要なことは、やれと言われてもやらないし、やらなくていいって言われても、その人に必要だったらやるし。三好さんの言葉を借りると「逆らわず、従わず」という感じで。一番は、お年寄りに喜んでもらえることが介護だと思うんです。その後、地元に特養ができたので移り、リーダーになったときに、おむつ外しをはじめ、入浴も機械浴からふつうのお風呂に変えていきました。

楽しんでやっていたのですが、自宅で祖母を看取ったこともあり、独立して在宅で仕事をしたいと考えていました。それで二〇一四年に、妻の実家のある鹿沼市で「宅老所　はいこんちょ」をオープンさせました。地域に混ざりたくて、介護の勉強会を呼びかけたり青年会に入れてもらったりしています。

最高のケアが目標ではなくて、病気や老化でできなくなってしまった今までの生活を、一緒に取り戻していきたい。人の生活を大事にした介護を大切にしたいし、そのためには経営もしっかりしなければいけない。だけどお金にならないことも大事にしていきたいとも思います。目の前に困っている人がいたら、ちゃんと向き合い、気づいたら三十年経っちゃってたな、というのが理想です。

● 長野県出身。老健から特養を経験して宅老所を立ち上げる。「はいこんちょ」とは、故郷の方言で「ごめんください」の意味。現在、デイサービス「宅老所・はいこんちょ」代表。

管理されていないから利用者も職員もノビノビ自由でいられる場所になる

椎名 萌（23歳）
小規模多機能型居宅介護おたがいさん
おたがいさんサテライトいどばた
（神奈川県藤沢市）

Numéro 85

この業界に入ったのは、母の影響が大きいですね。今も一緒の職場で働いています。母がここで働き出したのは私が中学生のときです。うちは母子家庭だったので、母が働いて私たち姉妹を育ててくれました。高校生の頃、姉が二人とも結婚して家を出たので、私は学校の帰りに家に帰るよりもこっちに帰るほうが多くて。母も当時は夜勤もあったので、ここでお風呂に入ったりして。もう、おばあちゃん家のような感覚でした。高校卒業後、自然と母と同じ介護職に就きました。今年で入社して五年目です。中学生の頃から馴染みのある場所なので、よい意味で仕事と思っていないというか。自分の家族を介護している感覚ですね。なので、利用者さんとは深く関わってしまい、病気をされたり亡くなられたりすると寂しい気持ちになることがたくさんあります。

トイレ介助は、最初は抵抗がありました。一度汚物まみれになるという大変な経験をしてから、「こういうこともあるんだ！」「こんなことばっかりなんだ！」という衝撃で吹っ切れ、それから抵抗がなくなりました。周りからは「大変な仕事だね」と言われることも多いし、自分もそう思っていたのですが、実際働いてみるとなにも特別なことはないと思います。ここは素の自分をさらけ出せて、自由で居心地がいいです。ここでは、すべて利用者さんに合わせた介護をしています。一日のレクリエーションも決めないで、まず利用者さんはなにをやりたいのか希望を聞きます。「歌いたい」ということになったらみんなで集まって歌ったり、病院から退院された利用者さんが「寿司を食べたいな」と言えば、職員利用者十二名でお昼に回転寿司に行ったり。社長には事後報告です（笑）。自由ですね。管理されていないので、利用者も職員もノビノビしています。

目標は、母のような介護職になることです。同じ職場にいるので四六時中顔を合わせていやになるときもありましたが、最近結婚して母のありがたみをつくづく実感しました。いつも明るくパワフルで前向きな母のような女性になりたいと思っています。

● 中学生の頃から母が勤務していた介護施設でお年寄りと過ごすことが多かった。高校卒業後、母のようになりたいと同じ職場に就職。結婚し、生まれた娘も施設に通い、お年寄りと触れ合っている。

飲食業……→老健介護職……→ホームヘルパー

巻き込まれてはじめた介護の仕事がいつしか僕の天職になった

奥澤 聡（46歳）
ファミリーケアみたて 芝営業所（東京都港区）

小学校の頃からお調子者でした。飲食関係の仕事を辞めたとき、知人から介護の仕事をしないかと誘われたんです。それでホームヘルパー二級を取ったんです。最初は老健。すぐに向いてないと思いました。でも仲間にも恵まれて、なんとなく続けられたんです。老健で一年働いた後、訪問入浴と訪問介護をやっている部門へ異動になりました。訪問入浴のとき、利用者さんが、ふわっとしたいい笑顔を見せてくれるんですよ。くつろいだ笑顔を見せてくれたりして、「ああ、在宅っていいいな」ってそのとき感じましたね。

在宅では、看取りのケースも多くありました。誰かが亡くなるたびに、同僚に

Numéro 86

挨拶に行こうと誘われても、仕事で付き合っていただけだからとか言って一年くらい誰のところにも行きませんでした。あるとき、訪問入浴と訪問介護で関わっていた方が亡くなったんです。温かい家庭の方でね。半ばパートのおばちゃんに強制的にそのおうちに連れて行かれました。そしたら、そこの奥さんが「お父さん、ヘルパーさんが来てくれたよ〜」って、明るく挨拶してくれて。見るとすごくいい顔していたんだよね。遺影の写真も飾ってあって。こっちは元気だった頃のその人の写真。どっちもいい顔だった。

「ああ、死に様って生き様が現れるんだ」って、鳥肌立つくらい感動しちゃって。いや、感動っていうのもどうかと思うのですが、ああやって、自宅で逝くのはいいなと。この経験で、一人ひとりの高齢者の方がどういう生き方をしてきたのか、どういう経験をしてきたのかという「生き方」に興味を持つようになったかな。

なんで僕みたいな性格の人が、こんなに長く介護の仕事を続けてられているのか。それは「介護の魅力に取りつかれた」なんてさわやかなモンではなくて、もともとやりたくてはじめた仕事ではないので、「介護の仕事に巻き込まれた」と思っています。でも、気づくと自分の仕事として機能していて、今、思うと就くべくして就いたんだなと。きっかけはどうであれ、やっていくうちに巻き込まれて自分の就きたい仕事になっていったと、最近つくづく実感するようになりました。

● 飲食関係の仕事から転職。友人から誘われて、たまたま介護の世界へ。現在、訪問介護事業所ファミリーケアみたて 芝営業所でホームヘルパーを務める。

写真館のカメラマン………→イベント会社
………→デイサービススタッフ

利用者さんに「やめてください」と言わなくていい介護がしたい

Numéro 87

山本栄里（34歳）
デイサービス　クローバー広尾（東京都渋谷区）

介護はかわいがってもらったおばあちゃんが基準。おばあちゃんが「いやだ」と思うことは絶対しません。危ないからダメと言うのではなく、別の方法をスタッフと考えたい。「やめて」と言うのはやめにしたいんです。ここは子連れでも働けて、多世代が集い雰囲気もいい。これが自然な姿かなとも思います。

●体育会系頑張り屋さん。カメラマンもこなした経験から「デイの方をきれいに撮ってあげること」が目標。

福祉系大学卒………→ずっと介護職

入居者さんの笑顔に支えられ、力をもらえる仕事です

Numéro 88

岸野夢乃（24歳）
特別養護老人ホーム　ゆとりえ（東京都武蔵野市）

新卒で入社。いつも緊張していて、失敗もありました。正直辞めたいと思ったこともあります。でもあるとき、入居者の方と話していたら、職員に「あの方があんなに笑うのは、岸野さんと話していたからじゃない？　ふだんは笑顔見せないから」と声をかけていただいて。その言葉が力になっています。

●中学の職業体験で特別養護老人ホームに行ったことがきっかけとなり、福祉系大学へ進学。新卒採用でゆとりえへ。

ミュージシャン……→会社員……→デイサービス介護職

ありのままでいいんだ 認知症だって、ええじゃないか

嶋川智也（34歳）
宅老所　いしいさん家（千葉県千葉市）

介護とはこうあるべきという価値観を持つと、現実と理想のギャップに苦しんでしまい、長続きしない。介護の仕事って「称賛」は返ってこない。マニュアルどおりにもいかない。でも、一緒に過ごすなかで動けなかった人がちょっと手を動かせたり、笑ったり。奇跡が仕事のモチベーションにつながるんです。

●介護福祉士。介護職の経験と、妻の有機農業を組み合わせて、障害のある人たちと一緒に農業するのが夢。

Numéro 89

予備校生……→介護職……→パート……→再び介護職

高齢者の方の第二、第三の人生を楽しくしたいと、精進する日々

佐藤栄子（41歳）
（東京都小平市）

近所に老人ホームができたのをきっかけに介護の世界へ。認知症のおじいちゃんから、人間には忘れないこともある、最期まで楽しむことができることを学びました。

メイクのボランティアや、片づけコーディネーターもしています。いつか自分のホームを持つことが夢です。

●看護師になろうと予備校に通っていた頃、知人に誘われ、老人ホームのスタッフに。介護に役立つことならなんでも貪欲に挑戦。

Numéro 90

久田恵の眼

介護ホームも選ばれる時代

札幌郊外の丘の上に高齢者向けの巨大な複合施設がそびえ立っている。遠くから見ると、新築の高級マンションという感じだ。そこへ向かうタクシーのなかで、年配の運転手さんが誇らしげに言った。

「すごいよ。展望浴室天然温泉付きだよ。ああいうとこに入るのがね、俺の夢なんだけどなあ」

かつては、住宅地などに「老人ホーム」ができると、地域住民の反対運動が起きたりしたけれど、今は違う。評判のいい高齢者施設が近所にできると歓迎される。

さすが超高齢社会だ。

しかも核家族化の行き着いた先というか、高齢になっても子ども家族と同居しない一人暮らしの人がどんどん増えている。家庭内での親の介護に疲弊した子どもが、「入れてくれるならどこでもいい」と介護施設を必死で探す、そんな時代でもなくなってきている。

みんな、ある年齢になると、自力で「終の棲家」探しをはじめる時代になったのだ。

終活とか断捨離とかエンディングノートとか、死ぬまでに自力で準備万端を整えるのが、今や「まっとうな生き方」となりつつあって、「私、断然、在宅派」「いやぁ、在宅を選べば、結局は子どもに負担をかけることになるし、私は看取りまでやる施設派かなぁ」などと、ついに人生の終い方をお茶を飲みつつ楽しげに論議などするようになった。

当事者が自ら選択するとなれば、選択基準は厳しくなる。「二十平米はほしいわよ」「鍵かけられちゃうところもあるってよ」「あそこは拘束するって噂よ」「ご飯がすごくおいしいんだって」「料金も比較検討して、体験入居もしないとね」などなど。

とりわけ、この国で一番人数の多い団塊世代が後期高齢者入りする二〇二五年以降、都市部では介護難民が大勢出現するなんて言われてもいる。元気で判断力の確かなうちに、と「終の棲家」探しに拍車がかかっていきそう。かくして高齢者施設もいよいよ選ばれる時代へとなっていく。

知りたい！まめ知識 6

福祉用具専門相談員って知ってます？

福祉用具専門相談員は、福祉用具を扱う専門職です。2015年の法改正前までは、ホームヘルパー２級などの資格があれば、福祉用具専門相談員として認められていましたが、現在では、介護福祉士、社会福祉士、保健師、看護師、准看護師、理学療法士、作業療法士、義肢装具士の資格を持たない方は、別途、資格を取る必要があります。福祉用具貸与・販売サービスは、介護保険制度の居宅サービスの一つ。レンタルと販売があり、ケアマネと連携しながら、それぞれの生活にあった福祉用具を提案､提供するのがお仕事。ちなみに､平成30年度介護保険改定では、福祉用具貸与価格の見直しが盛り込まれました。これまで業者によってまちまちだった価格が、適正な価格で受けられるようになります。利用者にとっては朗報ですね。

石川未紀（社会福祉士）

居宅介護支援事業所 いずみサポート ケアマネジャー**本多こころさんのコメント**

福祉用具は、けがなどをされて急に必要になるケースも多く、迅速な対応が求められます。事前に電話などで状況を聞いて行っても実際には違うケースもあります。多職種で連携して本当に必要なものが届くよう心がけています。適正価格が明示されることは、私たちも利用者の方に説明しやすくなりますね。

8

自分の居たい場所を自分でつくる仕事です

「家族で介護」から「みんなで介護」へ。

介護は、今や社会全体で担うようになりました。

高齢者も、社会の一員として最後まで社会に関わって生きることを求められている時代になりました。

つまり、介護現場は、自分が人生の晩年をこう暮らしたい、と願う場所を当事者が自らの力で実現する世界にもなったのです。

自立して生きるとは、誰にも頼らず生きるということではなく、支え合う力で共に人生を生きようとする実践力のことです。

自分の暮らしたい地域は自分でつくり上げる、自分の求める介護は自らそれを実現する、そんな生き方から私たちは多くを学びたいと思います。

営業職をしながら義母の介護……→デイサービス起業

デイサービスで子どもじみたことをやりたくない。それが僕が起業した一番大きなこだわりかな

小柳正夫(55歳)
しあわせのき
(神奈川県横浜市)

Numéro 91

ホームヘルパー二級講座の研修先のデイサービスで、紙でつくった魚の先にクリップをつけて、たらした紐の先に磁石をつけて魚釣りをしていたんですね。ゲームに参加していた男性の利用者の方に「○○さん、釣れましたね!」とスタッフが明るく言うと、その方は苦笑い。一生懸命楽しませようとしているスタッフに、付き合っているような感じでした。こんな子どもじみたことはやりたくない、と心で言っているのが、なんとなく伝わってきました。それで、自分が立ち上げたときには、そういうのはやめよう、と決めました。利用者の方たち

は、日本の経済をつくり上げてきてくれた方々だ、という思いがすごくあったんです。ちょっとしたこだわりなんですけれど、利用者の方に対して、赤ちゃん言葉はやめようとか、子ども扱いしないとか、そういうことが一番大きいかな。スタッフにもずっと言ってきたことです。「あなたの親を通わせたいと思うような、あなたが通いたいと思うような、そういうデイサービスにしてください」って。

僕は大学には行かず、設計製作の会社に就職しました。そこでは、設計の仕事はエリートで、現場の人間はその下に見られるという雰囲気がありました。それが悔しくて働きながら学費を稼いで専門学校へ。その後は大学にも行きました。

妻と結婚したとき、義母は一人で住んでいたんです。義母はアルツハイマー型認知症になっていました。新しくマンションを買うよりも、家をバリアフリーにして建て直し、義母の面倒をみることにしたんです。同じ頃、実家の父も認知症になってしまい、いずれ引き取って、シェアハウスのような形にできたらいいな、っていう考えもありました。

十年くらい在宅で介護し、同じ年に両親が亡くなって、スペースがガランと空きました。もともと二世帯でつくったから、アパートで貸すことも考えたんですけれど、せっかく資格も取得したし、介護に造詣が深い人がいて、その人や町内会の人たちが「デイサービスでもやったら？」と勧めてくれたんですね。それが

●ファイナンシャルプランナーとして、営業職を務めつつ、義母の在宅介護を続ける。義母を亡くした後、自宅をバリアフリーにしていたこともあり、デイサービスを起業。しあわせのき管理者・専務取締役。

起業したきっかけになりました。

あるとき、洗車をしていて、認知症の男性利用者の方に「拭くのを手伝ってよ」と言ったら、すごくていねいに隅々まで拭いてくれたんです。ご家族に聞いたら、昔、車が好きだったとのこと。それからご家族とも話し合って、その方に合う、今できることをやってもらったらどうか、ということになったんです。洗車でも、掃除でも、料理でもなんでもいいんですけれど、ふだんと変わらない日常を過ごしていただく。「『しあわせのき』に行くと働かせられる」と言われてしまいそうですが、誰かのために力になってもらう、そういうことが、利用者の方の活力にもつながってくるのかなと思います。記憶や体の機能が衰えてくるなかで、利用者の方が生きがいを持っているって、大切なことですよね。いきいきして元気でいる。「八十歳になったからダンスをやめた」ではなく、「今できるダンスをやればいい」。それぞれの方が、今できることを大切にしたいと思いますね。

★ 久田恵の眼

在宅介護をしていた頃、初対面のヘルパーの方から「おばあちゃ〜ん」と抱きつかれたときの、母の絶望した表情が忘れられません。新しい価値観を持って高齢者に向き合える人の力で、介護観は変わっていくに違いありません。

専業主婦……→福祉活動のNPO法人設立

「私たちが望む、老後の暮らし」は自分たち以外、誰もつくってはくれない

鷲尾公子（70歳）
NPO法人　ぐるーぷ藤
（神奈川県藤沢市）

母の介護を七年やって、見送った後に自分の介護に危機感を持ちました。「市民が自分たちでつくらないと、望む老後は手に入らない」という確信に近い思いがありました。最初は生協の五人の主婦で、一九九二年に市民事業として地域の助け合いサービス「ワーカーズ・コレクティブ藤」を立ち上げました。自分が歳をとったときに、藤沢が福祉豊かな町であってほしいという思いでした。

その後、NPO法人格を取得し、二〇〇〇年には介護保険事業に参入。今では大きくなって、百五十人くらいのメンバーが仲間となってくれています。NPO

● 息子のアトピーがきっかけで、生協活動をはじめ、後に市民事業を立ち上げる。NPO法人化し、複合型福祉マンションを運営。三代目と六代目の理事長を務める。現在は会長。

Numéro 92

ですので、誰かが社長とかではなくて、みんなで話し合いながらやってきました。理事長も交代制です。二〇〇五年に大きな建物を建てるという構想があって「ぐるーぷ藤」に組織改変しました。

「ぐるーぷ藤一番館・藤が岡」は二〇〇七年に開所させました。これは、高齢者住宅、精神障害者のグループホーム、幼児園、レストランなどが一つの建物に入った複合型福祉マンションです。在宅で一番皆さんが心配していらっしゃるのは、自分の最期の場所なんですね。この家で死ぬことができるのかしらという、生きて死ぬ場所。もしも自宅で住み続けることができなかったら、安心して死ねる終の棲家をつくらなければいけないなと。そのときは、資産ゼロ。そこから知恵を出し合い、篤志家からのご寄付、市民ファンド、NPOは初めてという銀行の融資で、URから土地を購入し、つくることができました。高齢者も障害者も子どもたちも、みんな一つ屋根の下でという、自分たちの思いを全部入れて形にしたのがこの一番館なんです。

スタッフには全員、最低二か所ホームヘルプに入ってもらいます。それは、在宅を知らずに施設を語ってほしくないからなのです。「この施設に入ってよかったわ」と言ってくださるのは、半分はお世辞だと思ってください、と私はよくスタッフに言っています。「皆さん優しくてうれしいわ」って言ってくださる。でもそれは、いろいろなことを我慢して捨てて施設に入ってくださっているんです。だからいいケアをして当たり前なんです。どれほど在宅が心安らぐ場なのかを知らなくてはなりません。

私自身、二番館で暮らしています。自分がほしいと思った施設を建てたわけですから、住んでみて本当に必要なことと不必要なことを、内側から発信していこうと思っているんです。二番館には、シングルのスタッフが子連れで管理人として同居していて、夕方になるとランドセルを背負った子どもたちが帰ってきます。それを見ると「うわー、いいなぁ」って思いますね。三年後には、三番館をという計画にも着手しています。障害者施設が中心ですが、子どもやシングルの親子の支援もしていきたいと思っているんです。私たちは市民の方に育てていただいたと思っているんですね。それは本当に幸せなこと。私たちの根本はいつも「福祉の町づくり」です。その思いはこれからも、変わることがありません。

★久田恵の眼

自分たちの老後も介護も自分たちで守る。自分の終の棲家は、自分たちでつくる。七十年代、かつて若者だった団塊世代が掲げたコミューンづくりを彷彿とさせます。介護の新しい時代の息吹を感じますね。

学生寮オーナー……→ベビーシッター兼ヘルパー業経営……→デイサービス起業

阿部千榮子（81歳）
京桃
（東京都杉並区）

私も元気と心の喜びをもらいながら、九十歳まで現役でいたい

人のお世話が大好きですから、二十七歳頃から学生さんの寮をしていました。また、女性の社会進出もお手伝いできたらとベビーシッターもはじめたんです。でもベビーシッターでは、女の人が食べていけませんのよ。ちょうど介護保険がはじまった頃に、おばあちゃまやおじいちゃまのお世話でお嫁さんが里にも帰れない。子どもたちの夏休みにも里へは連れて行けないという話を聞き、ベビーシッターとヘルパーを兼ねるようになりました。

そうこうしているうちに今度は、デイサービスに行きたいとおっしゃる方がけっこういらっしゃるんです。それならデイもはじめてみようかしらと思って。訪

Numéro 93

問介護に続いて四年前にデイサービスをはじめましてね。そうしているなかで、認知症の方が増えますわね。それでもう一か所、デイサービスをオープンさせていただき、夜、緊急避難的にお泊めできるようにもなりました。

九十八歳の彼女は、最初は車椅子で見えてね。垢がポロポロ落ちるんです。それがお世話している間に肌はピカピカ、トイレに小走りで行けるほど歩けるようになって。「小走りしないで歩いて」って言っても子どものように走っちゃう。その方は、「ここに来なければ、とっくに死んでたわ」と喜んでいて。それを聞いたときには涙が出ましたね。涙が出るのは私の喜びなんです。

デイサービスに通う人たちが高齢でもお元気なのは、食事だと思います。ここでは手づくりのおいしい料理をお腹いっぱい食べていただいております。「食は健康と喜びを、リズムは明日の夢を」をモットーにしております。歌を歌うのは、ただ歌っているのではないんです。「菜の花畑に〜」と歌ったら、菜の花畑が目に浮かぶ、そういうすばらしいもの。歌は脳が活性化します。

みんなに喜んでもらって、お腹いっぱいにおいしいものを食べてもらって……。心の喜びをもらいながら、私も元気と幸せをもらっています。まあ、九十歳まで現役でいたいですね。私はね、この仕事で人のおせっかいをできることが本当に幸せなんです。

● 学生寮オーナーから少子化対策運動をきっかけに、シッター業、介護業と展開。世間に必要とされたら、なんでもやってしまいたい、おせっかいが生きがい。訪問介護、デイサービス、居宅介護支援など6事業所を開設。株式会社京桃代表。

会社員……→NPO法人設立

「やらされる」のではなく、自分の「やりたい」が尊重される場をつくりたい

高岡隆一（83歳）
松渓ふれあいの家
（東京都杉並区）

大学卒業後、大手機械メーカーで営業をしておりました。六十二歳のとき、元気なうちに第二の人生をスタートしようと会社を退職しました。杉並区が主催した「男の料理教室」に通い、そこで出会った仲間たちと高齢者施設にボランティアへ行くと、男性が隅っこのほうにいて、まったく楽しそうではなかったのです。男女比も圧倒的に女性が多かったですね。

その頃、杉並区が新たに学校の空き教室を利用した高齢者向けのデイサービスをコンペ形式で募集するということで、いずれ自分たちも施設の世話になるわけだし、男性である自分たちが通いたくなるようなデイサービスをつくりたいと手

Numéro 94

を挙げました。それで「NPO法人生きがいの会」をサラリーマンOBたちで立ち上げたわけです。ホームヘルパー二級も各自取得しました。

「松渓ふれあいの家」のスタートは杉並区立松渓中学校の空き理科教室。できるだけ男性に来てもらおうと、多彩なプログラム（マージャン、囲碁、将棋、パソコン、ガーデニング、書道、音楽、絵画等々）を目玉にすると、多くの男性が集まりました。男性は、やらされることが苦手なのです。ほかの施設で強制されることを嫌って、デイサービスに行きたがらなかった男性高齢者が、「松渓ふれあいの家」に来ることは楽しみにしてくれています。

デイサービスや福祉の仕事はボランティアが戦力になる。定年後の人生はおよそ二十年はありますから。地域社会にボランティアとして参加することは健康にもなりますし、生き甲斐にもなります。「NPO法人生きがいの会」、「松渓ふれあいの家」を立ち上げから参加した仲間も今はボランティアとして参加しています。

設立二十周年には、ちょうど東京オリンピック・パラリンピックを迎えます。それまでは元気で頑張りたいと思っていますが、「要介護認定を受けるようになったらここへ通うので、定員三十名の席を一つ空けておいてね」とスタッフに話しているんですよ。福祉は人が財産。私共が築いていたものを、次の世代にバトンをつないでいきたいと思っています。

● 大手機械メーカーを早期退職。地域のサラリーマンOBたちと「男たちがつくった男のためのデイサービス」を起業。NPO法人生きがいの会理事長、高齢者在宅サービスセンター 松渓ふれあいの家運営。

社会科教師……→専業主婦……→NPO法人設立

地域の意識を変えたい！介護は、社会の変革運動の一つです

安岡厚子（71歳）
サポートハウス年輪
（東京都西東京市）

社会科の教師でしたが、結婚して東京へ。田無に新しいマンションが建つというので、引っ越してきたんです。そのときは専業主婦、誰も知らない街で公民館の婦人講座に参加しました。そこで知り合った人たちと「バウムクーヘン」という自主グループをつくって、女性問題の勉強会をはじめたのですが、そのグループに私をこの世界へ導いた人がいました。お姑さんの介護を終えた方でしたが、そのお姑さんはわがままに育てられ、時折ヒステリーを起こし、誰も寄り付かず最期は彼女の腕のなかで亡くなったと。「子どもをちゃんと育てなければ、その人が亡くなっていくときにすごくさびしい思いをするのよ」と言われ、人

の終末期にも非常に関心を持ったんです。

ほかのグループと協力して、一人暮らしの高齢者の実態調査をしました。近隣千人ほどのうち、半数の五百人を訪ね歩いたんです。後に調査結果をまとめて「私はこの家で死にたい」という冊子をつくりました。自宅で最期まで暮らしたいと願っても、できない現実がある。でも介護と食事があれば、地域で暮らすことができるんじゃないかと。二十四時間三百六十五日、時間と曜日に制限のない介護サービスがあればいいね、それをやろうと。

一九九四年に「バウムクーヘン」から市民事業「サポートハウス年輪」に変え、十二人のメンバーが十万円ずつ出し合ってアパートを一室借りました。調査したとき、口々に「夕方がさびしい」と話していたので、夕食の配食サービスと介護派遣サービスをスタートさせたんです。今年で二十四年目、たくさんの人に助けられ、グループホームもつくることができました。お弁当をつくる厨房は全部寄付。市民の皆さんの力をもらって運営できているんです。私は介護が社会の変革運動の一つでもあると思っています。介護の意識を変えてもらいたい。少しでも寄付や手助け、温かなまなざしを向けてもらえるように地域全体がなっていくと、認知症になっても障害を持ったとしても、いきいきとその人らしく暮らせる街になるかなって。そのために二十四年間やってきました。それが「年輪」の目標なんです。

● 島根県出身。その後、広島県尾道市で学齢期を過ごす。子育て中に女性の生き方に興味を持ち、さまざまな活動をはじめる。現在はNPO法人サポートハウス年輪の理事長。

行政マン……→介護サービス起業

私の望む住み方、暮らし方を自前で地域に実現する生き方を選びたい

内池 宝（75歳）
新高齢者住宅こころ（北海道室蘭市）

私は市の元助役。行政マン生活を三十八年続けましたから故郷への思いは強く、定年と同時に介護事業をはじめました。居宅介護支援相談、訪問介護、音楽療法と健康体操を中心にしたデイサービス、身体リハビリ型デイサービス、生活支援の「お助けラビット」、高齢者用マンションなど、自立して暮らせる方も介護が必要な方もみんなサポートしていける体制を整えています。

室蘭は、十八万だった人口が、あと十年で六万ぐらいになります。世帯が単身化し、老いと共に人の交流も希薄になっていくなか、車がなければ動けませんし、生きる自信さえ失いかねない方が多い。今の高齢者は、「独立心が強いが、心身が

Numéro 96

衰えていく不安とさびしさのなかにある」と思います。自分も高齢世代ですが、介護という枠で一律的にとらえられるのはいやです。理想の老後を思い描いた高齢者を支える環境づくりが必要だと思います。同じ年代で暮らすことは、実は若い人と暮らすより楽で元気になる人も多い。そんななかで自由に生きていく、それが一番だと思っています。

そのために、なんとかこの地域に高齢者の楽しい人生の環境を整えて、新しいライフスタイルを皆さんに実現していってもらいたいと思っているのです。実は私は、仕事一辺倒で両親の介護も妻に任せっきり。妻は元幼稚園の先生で、よく両親の面倒をみてくれたのです。おやじが亡くなった半年後、母が亡くなる一週間前に、病院で私と家内に口頭で遺言がありました。「家を孝子さんにあげるからそこで介護の仕事をし、必要な人を助けてあげて。ただ、代表は孝子さんがやって。息子の宝じゃないよ」と。親から「介護の仕事はできない」と言われた私ですが、奮起して七十四歳でケアマネジャーの資格を取り、妻と二人で、いろいろ考えて高齢者支援の仕事を続けているところです。

自立している方もしてない方も、みんなで高齢者として生きる道をつくっていこうよと呼びかける思いでいますね。安心して同世代が一緒に暮らせる場所をつくり出していこう、そんな気持ちです。なにしろそれがおふくろの遺言ですから。

● 行政マン生活38年。定年後に地域で介護事業を次々立ち上げ、70代でケアマネジャーに。介護サービスの株式会社タカラサービス会長。介護複合施設・新高齢者住宅こころを運営。

デパート……→専業主婦……→高齢者シェアハウス起業

「自分でできる」「やってもらう」「やってあげる」三つの幸せを支える仕事です

岩崎弘子（73歳）
グループハウス欅
（神奈川県伊勢原市）

「グループハウス欅」の構想をはじめたのは、五十四歳のとき。主人が早期退職し、「二人で仕事をする場所をつくったほうがいいな」と思っていた頃、義理のおばの住まいの問題が出てきたんです。そこで、お年寄りが入れるアパートをつくろうと決めました。それからは主人と住宅展示場を見学したり、設計したり。その頃は、お年寄りが一人で暮らす場所がなくて、気持ちが一気に加速しましたね。介護研修先の施設を見ながら「老後は、なにが必要でなにが不必要か」というのを自分なりに考えました。「一人住まいはさびしいときもある。危ないこともある。ご飯の支度もできないこともある」って。それで今の形ができていきました。

Numéro 97

ここは一人一部屋ですが、朝と夜は食事を提供して、みんなで集まって食べます。各部屋はシャワー付き、共同の大きな檜のお風呂もあります。洗濯や掃除は、できないところに関わるというやり方。無償で病院の送迎や、薬の管理、入院の手続きをすることもあります。でも、最期まで自立してもらいたいから、難しいところを手助けするという「見守り」のスタイルをつくったんです。

人と上手に混ざり合って、ちょっと手を貸してあげる。そのくらいのおばあちゃんが出てきたっていいと思うんです。そのほうが、最期までイキイキ生きて、役に立つ自分でいられますよね。自分でできる幸せ、やってもらう幸せ、やってあげる幸せ——この三つの幸せが、老後は必要だと思います。「まだ私できるわ」って自信もつくしね。

今思うと生い立ちや職場などの経験は、私のなかですごく比重を占めていたんです。環境というものは自然と勉強させてくれますね。はじめてから十六年。「これでいいんだ」とは思っていません。人間同士の心のやりとりを、社会のなかでうまく活かすことを目指してきたので、まだまだ「くじけちゃいけない」と思っています。お互いが向き合って成長し「生きた！」と実感できるような場所にしたい。一年でも一か月でもいいから、あそこに入りたいって言われるくらい魅力的にしなきゃいけない。体が動く限り、続けたいと思います。

● 父が教師の家に育つが、高校を卒業する年に父が他界。大学進学をあきらめデパート勤務へ。結婚後は3人の子育てをしながら、師範の資格を活かして華道を教え、後にグループハウス欅を立ち上げる。

看護師……→総合介護サービス起業

家にいるみたいに自由に過ごしてもらうのが理想です

安西順子（58歳）
ひぐらしのいえ
（千葉県松戸市）

小学五年生のとき、曾祖母が自宅で亡くなりました。古い家の六畳間に親戚一同、近所の人がみんな集まって夜中に看取ったんです。家で暮らして、最期の一呼吸まで看取る。人の死というものをそこで初めて味わったんです。その体験がずっと根づいていたんですね。

看護師になる道を選んで大学病院に就職し、外科系の病棟に配属されて、深夜勤で四人看取ったこともありました。エンゼルケアをして、専用の地下に通じるエレベーターに乗せて、廊下をそっと行くんですね。そういうのを一晩で四回もやっていると、「私、なにやっているんだろう」という気持ちになってきて。二年

Numéro 98

で燃え尽きて辞めちゃったんです。

しばらくしてふつふつと「なにかやりたいな」と思っていた頃、福岡の宅老所の「よりあい」の記事を見たんです。古い家で最期までお年寄りを看取ると書いてあり、それで「これだったらできるのかな」と。曾祖母を看取ったときのとっても温かい記憶がよみがえりました。看護師時代に感じていた、一人ひとりに寄り添う時間もない空しさみたいなものがあるじゃないですか。宅老所の話を聞いて、人は自然に枯れるように死んでいくんだとわかってきました。それで、松戸市の日暮に一軒家を借りてデイサービスからスタートし、その後「ひぐらしのいえ」をはじめました。決まった日課はなくて、普段家でやっているようなこと。だけど、みんな集まって毎日がお祭りみたいな、楽しい雰囲気ね。そういうふうにしたかった。そういう場所に私が身を置いておきたかった、っていうのかな。

お風呂も具合が悪くても、気分が悪くなければ、サッと入ってもらう。だって、今日が最後のお風呂になるかもしれないじゃないですか。そう思うと本当に一つひとつ、一日一日がとても大事で、今日の今の食事が最後かと思うと、おいしいものを食べてもらいたい。今日のこの瞬間を大切に。二度と会えないかもしれない、明日はいないかも知れないと思うと本当に。一人でも「ひぐらしのいえ」がいいと思ってくれる人がいる限り、ずっと続けていきたいと思いますね。

●大学病院で看護師として働くが、幼い頃に自宅で曾祖母を看取った経験から「自然で温かな最期」を志し、宅老所を開業。現在、宅老所・デイサービス・ひぐらしのいえ・となりんち・ひぐらし訪問看護ステーション代表。

金融業……→総合介護サービス起業

認知症になっても自宅で暮らし続けられる場をつくる。六十歳でそう決めたのです

山口ひとみ（74歳）
青空
（神奈川県横浜市）

最近は医療・介護の連携体制が整ってきていますので、望めば自宅で最期を迎えることができます。わがままと思われがちな自己主張は、迷惑がられたりしますけれど、それもいいんだなと感じます。自己主張すれば周りがそれに応えざるをえない。本人としては自分なりの生き方ができる。関わった方たちから日々、いろいろなことを教わります。

私は五十五歳まで金融機関で働いていました。最後の九年間は、職員の健康管理室の仕事をさせていただきました。病気や、亡くなる方もいるなかで「人間は、最期のときに自分の人生を納得して終えられることが一番幸せなのだ」と思うよ

Numéro 99

うになりました。その頃、樋口恵子さんの講演を聞き、高齢者の生き方を支援できるような仕事に関わりたいと、ホームヘルパー二級の資格を取ったのです。

三年経って私は六十歳。元気でしたので、まだ六十歳と思ったのです。関わっていた人たちに「地域に応えられる事業所をつくりたい」と伝えましたら、賛同してくださって。五人で居宅支援と訪問介護の事業所を立ち上げました。

後に、大人数のデイサービスに馴染めない方たちの居場所が必要だと感じ、利用する方の意思や希望を実現できるような場所を探しました。いい物件がなく、それならつくろうと借金をして土地を購入。建物を建て「宅老所えん」を、二年後には「デイサービス　そら」を開所しました。

認知症も理解し受け止める環境があれば、地域に住み続けられる。認知症の方たちと関わって、こうすれば大丈夫だと地域に広げる場所も必要だと。「宅老所えん」の隣に認知症対応型デイサービス「洲崎えん」をオープンさせました。私も高齢ですので、次に引き継げるような会社にしなければいけない。経営者としては、決断に迷ったこともありました。だからこそ、人との関わりは大切です。人は人によって癒されるし、自分を裸にしてありのままを相談すると、皆さん自分のことのように考えてくださいます。私がここまで来れたのも、そういうことかなと思いますね。

● 金融機関を退職後、ホームヘルパー2級を取得。60歳で起業を決断し、居宅介護支援、訪問介護の事業所のほか、デイサービス、小規模多機能型施設なども手がける。有限会社青空代表取締役。

業界紙記者……→シニアハウスのハウス長
……→働きながらサ高住に入居

人生のセーフティネットは自分でつくる、その決意が大事だと思います

櫛引順子(66歳)
ゆいま〜る那須
(栃木県那須町)

私は大学を卒業後、業界紙の記者として働いていました。二十五歳ぐらいの頃、女性解放運動をしていた小西綾さんや女性学の研究者として活動をはじめていた駒尺喜美さんに出会いました。その我が師匠というべき二人が、八〇年代後半から「友だち家族」とか「シニアハウス」とか、高齢者や女性の共同の暮らし方や住まい方を提唱していたのです。

二人は女性の自立のため、学び、仕事をし、遊びもある共同住宅の構想を持っていて、生活科学研究所の代表の高橋英與さんとの出会いによって、大阪に「シニアハウス江坂」を実現させました。その実現は私には大きな驚きでした。

Numéro 100

私はすぐに生活科学研究所に転職。すでに母がこの研究所の生活コーディネーター養成講座を受講し、大阪のシニアハウスの生活コーディネーターになっていたのです。母は七十歳で会社を退職。その後、私はシニアハウスのハウス長をやったり、名古屋で働いたりしていたのですが、そんななか、会社も変遷。ゆいま〜るシリーズのコミュニティづくりを推進する「コミュニティネット」を立ち上げることになり、私も入社しました。

これまでのシニアハウスの運営で実感したのは、高齢になるとちょっとしたサポートがあることが大事だということ。また、いざというときにいろんな支援につなげてくれる人がいれば一人で暮らしていける、ということ。このちょっとした助けがなく、放置されると、人は生活をみるみる破綻させてしまうのです。将来の介護のために「元気な今」を無駄にしてはいけない、介護が必要になっても安心な環境づくりをすることも大事な「介護」の仕事と私は思うようになりました。

私は、自分の住みたい住み方、暮らし方を自前で実現する生き方を選びたいという思いで働いてきて、それが実現した、と思っています。まだ元気でいるときに、自分たちでつくった場で暮らし、自らの手でそこを暮らしやすい場所にする活動に関わっていく、そういう暮らし方をしていきたいと思います。ここが私のたどり着いた場所です。

● 業界紙記者を経て、居住者参加型のサービス付き高齢者向け住宅「ゆいま〜るシリーズ」の株式会社コミュニティネットに就職。住人となる。ホームヘルパー2級、元シニアハウスハウス長。

おわりに

本書は、編集企画グループ・花げし舎を拠点に集まった女性六人の取材チームが、三年にわたって介護職の方たちに聞き取りを続けた原稿が元になっています。

チームのメンバーは、フリーの編集者やライターなどのほか、それぞれ別に本職を持っていて、ネット上で情報を共有しつつ、協力し合って仕事を進めました。

取材の中心は首都圏でしたが、それぞれの本職の出張先で、講演活動の途上で、休暇を取っての旅で、時折の故郷への帰省などの機会を駆使して、北は北海道から南は九州まで、百五十人余もの現場の介護職たちに直接会い、彼らのさまざまな思いを聞き取ることができました。

その成果はウェブサイト「けあサポ」で「介護職に就いた

私の理由《わけ》」とのタイトルで三年間、毎週欠かさず連載され、介護現場からのライブな発信としての役割を果たしました。

　こういった取材のチームを結成したのは、情報があふれているはずの社会に暮らしているにもかかわらず、実は私たちには肝心な情報が届いていない、そんな思いが強くありました。

　超高齢社会に暮らす当事者である私たちが、自力で現場を歩き、情報を集めなければ、本当のことはわからない、そんな焦りもありました。お金もない、時間もない、一人ではやり切れない、そういう仕事はみんなでシェアしてやるしかないと、やみくもに、ひたむきに続けた日々でした。

　率直に言って、「ケアハウスって？」「ホームヘルパー二級と初任者研修とどう違うの？」「小規模多機能型居宅介護って？」「地域密着型って？」と、ややこしくも複雑な介護現場のあれこれをまさに取材しながら、学んでいくという実態でしたが、わずか三年でこの世界はどんどん変化を遂げていきました。それを肌で実感できたことはかけがえのない体験でした。また、次のステージにこの仕事で得たものを活かしてさらに自分たちの必要な情報を社会に発信していく仕事への自信を得ることもできました。

それぞれがマルチなライフステージを持って生きること、仕事をシェアすることでお互いがスキルアップを図ること、社会を見るさまざまな視点を得て、発信者として支え合うこと、そういったこれからの新しい仕事のスタイルを見つけることができました。

本書の単行本化の実現は難しく、苦戦を強いられましたが、強力な助っ人として、かつて女性誌で仕事を共にしたアートディレクターの那須彩子さんやイラストレーターのヨツモトユキさんも駆けつけてくださり、結果的には女性八人が結束しての楽しい本づくりとなりました。

取材にご協力いただき、貴重な話をしてくださった多くの介護職の皆様には感謝の言葉もありません。紙幅の関係もあり、掲載できなかった原稿も数多くありますが、これからもぜひ共に学び、考え合う仲間としてたくさんのエールを贈りたいと思います。なお、編集作業のさなかに今回掲載させていただいた高松豊治さんの訃報が届いたこと、お知らせさせてください。

最後にこの本の出版を「大事な本です」と言って引き受けてくださった現代書館編集者の吉田秀登さん、下河辺明子さん、菊地泰博社長に御礼を申し上げます。

二〇一八年十月

花げし舎代表・久田恵

What's 花《はな》げし舎《しゃ》?

花げし舎は、「ファンタスティック・プロデューサー」でノンフィクション作家の久田恵が立ち上げた編集企画グループ。出版部門のほかには、現在は栃木県那須町を拠点に人形劇公演にも力を注いでいます。
https://hanagesisha.jimdo.com
Twitter@kaigotetsugaku

100人の話を聞いた人たち

石川未紀 いしかわ・みき

私自身は頸椎の手術で寝たきりを経験。次女は気管切開をした重度重複障害児。そして二世帯で暮らす両親は要介護。介護される側もする側も経験しているのに、のほほんと生きているので人としての成長がない。そんな私を心配してか偶然か、久田さんが取材メンバーにと声をかけてくれました。取材先で話を聞きながら、まだまだ修行が足りないと痛感する日々でした。出会ったすべての人に感謝します！（編集・ライター・社会福祉士）

進藤美恵子 しんどう・みえこ

新聞・週刊誌の記者だった頃、取材相手の本音を聞き出すのは至難の業だった。ところがこの取材では初対面にもかかわらず､突っ込んだ質問や「絶対に原稿にしないでしょ」という質問にも本音で熱く答えてくださり、懐の深さに感服した。短いインタビュー時間のなかで、さまざまな機微にも触れた時間はかけがえのない宝物になった。これをどう還元していこうかと、目下、画策中。（東京都美術館広報、アーキビスト。臨床美術学会）

毛利マスミ もうり・ますみ

父の介護をしてくれていたホームヘルパーさんへの取材が、最初の記事になりました。父の介護のなかで、「社会的な死と肉体的な死」について考えさせられることも多く、介護職の方の生の声を聞きたいと、チームに加えていただきました。昨年、父は他界しましたが、老いた父を受け入れられなかった私に、「老いることも、介護してもらうのも、いいもんだよ」と、この取材を通して父が伝えてくれたような気もしています。（編集・ライター）

原口美香 はらぐち・みか

介護の世界のことはなに一つ知らないまま、この取材をスタート。その都度教えていただきながら、３年間書き続けることができました。初対面の私に、快く人生を語ってくださったすべての方々の顔が浮かびます。キラキラと輝いている介護職の皆さまに触れ、「介護は人なのだ」ということあらためて実感しました。貴重な介護最前線の現場の声を伝えるという、かけがえのない経験をさせていただいたことに感謝しています。（営業職）

藤山フジコ ふじやま・ふじこ

パーキンソン病だった父を11年間母と共に在宅で介護しました。自力で排便できなくなる病だったので、私にとって「介護」と「下の世話」は同義語でした。今回の取材で「一番大変なことは？」の問いかけに、予想に反し「排せつ介助」と答えた方は一人もいなかったのです。我が身の至らなさを痛感すると共に、本物の介護魂に触れ、感動と勉強の日々でした。ご協力くださった皆様、本当にありがとうございました。（アパレルデザイナー）

久田 恵（ひさだ・めぐみ）

1947年生まれ。ノンフィクション作家。『フィリッピーナを愛した男たち』（文藝春秋）で、第21回大宅壮一ノンフィクション賞受賞。主な著書に、『母のいる場所――シルバーヴィラ向山物語』（文藝春秋）、『シクスティーズの日々』（朝日新聞社）など。両親の介護歴20年。現在、花げし舎を主宰し、編集＆取材チームを率いている。

介護《かいご》を仕事《しごと》にした100人《にん》の理由《わけ》

100歳時代《さいじだい》の新《あたら》しい介護哲学《かいごてつがく》

2018年11月11日第1版第1刷発行

編著者　久田 恵＋花げし舎（石川未紀、進藤美恵子、原口美香、藤山フジコ、毛利マスミ）
発行者　菊地泰博
発行所　株式会社現代書館
〒102-0072東京都千代田区飯田橋3-2-5
電話03-3221-1321
FAX 03-3262-5906
振替00120-3-83725
http://www.gendaishokan.co.jp/
印刷所　平河工業社（本文）　東光印刷所（カバー）
製本所　鶴亀製本
本文デザイン・組版・装幀　那須彩子（苺デザイン）
イラスト ヨツモトユキ

校正協力　迎田睦子
　ISBN978-4-7684-3568-7